HARALD PAWLOWSKI UND PETER ROSIEN (HG.)

Mein Credo

Aktuell und dynamisch ist die Glaubenssprache von heute

BAND 3

Impressum

Harald Pawlowski und Peter Rosien (Hg.)
Mein Credo Band 3

Titelabbildung: Caravaggio »Gefangennahme Christi« (Ausschnitt)
Druck: Druckhaus Bayreuth

Verlagsgesellschaft mbH
Postfach 2010
61410 Oberursel
ISBN: 3-88095-108-X

Harald Pawlowski und Peter Rosien (Hg.)

Mein Credo

BAND 3

Aktuell und dynamisch ist
die Glaubenssprache von heute

Inhalt

Wir brauchen eine neue Glaubenssprache

Auch Sie werden es schon einmal erlebt haben, was wir erlebten. Nämlich, dass Sie mit einer Sache begonnen haben, die bald schon dazu führte, über den Kopf hinaus zu wachsen. So erging es uns mit dem Credo-Projekt

Um ein Haar wären wir in die Situation des »Zauberlehrlings« geraten, der eine Flut von Ereignissen auslöste, der er nicht mehr Herr werden konnte.

Dabei waren unsere anfänglichen Überlegungen vor zwei Jahren ganz simpel. Wir haben nicht geahnt, was aus unserem Credo-Projekt werden würde. Trafen wir doch auf einen Nerv, der heute bei vielen engagierten Christen blank liegt: Eine tiefe Unzufriedenheit mit dem kirchlichen Glaubensbekenntnis, das in den Gottesdiensten der christlichen Konfessionen festlich gesprochen wird. Unser Anliegen war es, Christen und Nicht-Christen anzuregen, mit anderen darüber sprechen zu können, was sie unter dem Christenglauben verstehen oder nicht verstehen können oder wollen. Jeder Christ sollte in der Lage und Willens sein, das Glaubensbekenntnis sich und anderen, Nicht- und Andersgläubigen in einer Sprache zu übermitteln, die jeweils auch »ankommen« kann, ohne die Kerninhalte des Glaubens zu übertünchen. Über die *Glaubensgemeinschaft* der Gläubigen hinaus sollte es Christen möglich sein, in eine *Gesprächsgemeinschaft* mit den Glaubensfernen einzutreten. Eine neue, flexible Glaubenssprache könnte aus der kirchlichen »Ghetto-Sprache« herausführen. Eine solche Entwicklung wäre die Voraussetzung dafür, so meinten wir, dass die Kernaussagen des Glaubens auch in der Öffentlichkeit der Medien »gesellschaftsfähig« werden können. Dies war der noch nicht ausformulierte Hintergrund des Credo-Projektes. Umso erstaunter waren wir, dass wir registrieren mussten, eine spirituelle Wasserader angebohrt zu haben, die nach wie vor kräftig sprudelt.

Welche Anstöße das Credo-Projekt für das Problem der Glaubenssprache gegeben hat, zeige eine Pressemitteilung von Martin Dolde, Präsident des Frankfurter Evangelischen Kirchentages, mit der die Diskussion im Blick auf den Kirchentag Auftrieb erhielt. Martin Dolde fragte: »Wie komme ich dazu, ausgerechnet im Gottesdienst beim Sprechen des Glaubensbekenntnisses vor allen Leuten regelmäßig zu lügen. Ich kann doch nicht glauben, dass Jesus vom Heiligen Geist gezeugt wurde. Ich kann nicht glauben, dass Maria als Jungfrau Jesus zur Welt gebracht hat.« Und: »Ich kann nicht glauben, dass Jesus nach drei Tagen körperlich auferstanden ist. Diese Sätze sind eine Aneinanderreihung von Aussagen, die mir viel über frühere Traditionen und Glaubenshaltungen sagen, aber die ich schlichtweg nicht glauben will. Der Glaube, zu dem Jesus Christus die Menschen aufgerufen hat, besteht im Vertrauen, in Gottes Hand zu stehen.« So weit Dolde.

Die drei in allen Religionen erkennbaren Grundstrukturen – prophetische Religiösität, priesterliche und mystische – werden in der Gesamtheit der vorliegenden Credos repräsentiert. Legt man diese Sonde an unsere Credos an, wird man selten eine in Reinkultur entdecken. Es mischen sich die drei Grundstrukturen. Aber sie sind zumeist unterschiedlich gewichtet. In der Mehrzahl der Credos verschieben sich die Gewichte weg von der priesterlichen Religiösität zu der eher prophetischen und darüber hinaus zur mystischen. Diese ist heute dabei, sich zu entfalten, und ist deshalb zukunftsträchtig. In ihr wird Gott sozusagen in die eigene Person hineingenommen. Selten wird das regelrecht als Verschmelzung formuliert. Die Betonung liegt ganz subjektiv auf dem Einzelnen und *seinem* Gott, von woher sich allerdings auch wieder Gemeinschaft strukturiert. Der psychologische Hintergrund ist durch ein »blindes«, in seiner Tendenz absolutes Vertrauen gekennzeichnet. So schreibt uns der Schweizer Beat Seiler: »Ich glaube an mich und den Heiligen Geist in mir. Ich glaube an dich und den Heiligen Geist in dir. Ich glaube an alle Menschen und alle Lebewesen und den Heiligen Geist in ihnen. Ich glaube an die Wandlungsfähigkeit der Kirche, welche sich mehr und mehr der Liebe nähert und den Gott aufgibt, der sich nur ›außerhalb‹ im Himmel befindet.«

Ob wir eine zeitgemäße Neuinterpretation des alten gesamtkirchlichen Credos brauchen, ist fraglich. Offenkundig ist jedoch, dass jeder befähigt sein sollte, den alten Glauben zeitgenössisch zu interpretieren – im konkreten Gesprächszusammenhang mit jeweils anderen Gesprächspartnern. Der alte Glaube braucht eine neue Glaubenssprache.

HARALD PAWLOWSKI PETER ROSIEN

Quirliges Wasser aus dem Felsgestein

Am wichtigsten in der von *Publik-Forum* angestoßenen Credo-Debatte sind sicher die vielen kleinen Diskussionen in Kirchengemeinden, Gesprächskreisen, Hochschulseminaren, Schulklassen, Jugendkreisen, Firm- und Konfirmandengruppen. Rund eine halbe Million Menschen wurden bislang vom Projekt-Credo angesprochen.

Wir haben eine spirituelle Wasserader angebohrt

Die Quelle scheint unerschöpflich: Immer mehr Leserinnen und Leser von *Publik-Forum* schreiben ihr persönliches Glaubensbekenntnis auf und senden es der Redaktion zu. Zwei Jahre ist es jetzt her, dass diese Zeitschrift dazu aufrief, das Bekenntnis in eigenen Worten zu formulieren, und noch heute liegen jeden Morgen frische »Leser-Credos« auf dem Tisch. Unvermindert ist offenbar der Drang, sich einmal selbst Rechenschaft darüber zu geben, was man eigentlich wirklich glaubt und was nicht. Niemand bei *Publik-Forum* hat damals geahnt, welche Ausmaße das annehmen würde. Aber irgendwie haben wir mit dem Thema wohl einen neuralgischen Punkt vieler engagierter Christen getroffen: eine starke Unzufriedenheit mit dem in der Antike formulierten, in allen großen Kirchen gültigen Apostolischen Glaubensbekenntnis, das in der Regel Sonntag für Sonntag gesprochen wird. Natürlich gab es lange vor unserem Projekt immer wieder Versuche, dieses Apostolikum zeitgemäß zu deuten oder gar umzuformulieren. Wir bei *Publik-Forum* können eigentlich nur registrieren: Wir haben da sozusagen eine spirituelle Wasserader angebohrt, die kräftig sprudelt.

Wie kräftig, das mag man den folgenden Zahlen entnehmen. Das Credo-Projekt besteht aus drei Elementen:

Da ist zum einen das 24-seitige Dossier zum Apostolischen Credo. Diese katechismusartige, elegant formulierte Zusammenfassung des Buches »Credo« von Hans Küng ist als Bestandteil des Osterheftes 1999 entsprechend unserer Auflage rund 35 000 Mal unter die Leute gekommen. Als separater Nachdruck ist dieses Dossier aber noch über 80 000 Mal abgerufen worden. Und es wird noch immer nachbestellt.

Das zweite Element des Credo-Projekts besteht aus den bis heute rund 2000 der Redaktion eingesandten persönlich formulierten Glaubensbekenntnissen. 2000 Stück: Das sind sechs volle Aktenordner. Die Zuschriften kommen aus der ganzen Republik. Weil die Gewinnung von neuen Lesern und das Credo-Projekt sich gegenseitig befruchten, nehmen Einsendungen von Menschen zu, die bisher nicht zur »Klientel« des Blattes gehörten. Dass sich darunter auch einige wenige »traditionstreue« Kritiker der Aktion befinden, liegt auf der Hand. In jeder Ausgabe haben wir bislang ein Leser-Credo veröffentlicht. Natürlich können wir in der Zeitung nur wenige Bekenntnisse abdrucken. Aber alle, auch die neuen, gehen ein in eine wissenschaftliche Untersuchung, die zur Zeit an der Universität Tübingen läuft.

Das dritte Element des Projekts besteht aus bislang zwei Büchern, in denen wir jeweils rund 150 aus den Einsendungen ausgewählte Glaubensbekenntnisse abgedruckt haben. Die beiden Sammlungen, ergänzt um Kommentare und historische Informationen, haben heute eine Gesamtauflage von 16 000 Stück erreicht. Unter den Kommentatoren, die sich mit kurzen Statements geäußert haben, sind Hans Küng, Bischöfin Maria Jepsen aus Hamburg, Bischof Ulrich Fischer von der *Badischen Landeskirche* und dem jetzigen Kardinal Karl Lehmann aus Mainz.

Aus den drei Elementen der »Credo-Aktion« hat sich mittlerweile manches entwickelt, was die Redaktion gar nicht mehr in der Hand hat.

Katholische und evangelische Bildungswerke und Akademien haben das Thema ins Programm genommen. Sehr früh haben sich auch schon Professoren bei uns gemeldet, die sich aus Forschungsgründen für das Material interessieren. Konkret ist das dann geworden mit dem katholischen Tübinger Theologen Urs Baumann, der an einem Buch über die »Leser-Credos« arbeitet (möglicher Titel: Glaubenswelten). Der Wissenschaftler hat auch bereits eine Vorlesung zu dem Thema gehalten und eine Doktorarbeit vergeben. (Selbstverständlich werden dabei keine vollen Namen von Credo-Einsendern genannt. Hätten wir allerdings etwas von diesem wissenschaftlichen Interesse geahnt, wir hätten die Einsender damals gleich um Angaben von Alter und Beruf gebeten, Daten, die für eine Dissertation höchst aussagekräftig wären.)

Auf dem *Deutsche Evangelische Kirchentag* in Frankfurt wurde das Thema ein Schwerpunkt. Kirchentagspräsident Martin Dolde hatte angekündigt, man solle sich der Frage einer Neufassung des Apostolischen Glaubensbekenntnisses stellen. Harald Pawlowski, langjähriger Chefredakteur und heute Herausgeber von *Publik-Forum*, arbeitet in einer entsprechenden Vorbereitungskommission mit.

Beeindruckend war die klare Sprache des Kirchentagspräsidenten zu dem Unterfangen. Als Christ in einem weltlichen Beruf – Manager bei *Daimler-Chrysler* – kann Dolde sich offenbar eine Deutlichkeit leisten, zu der viele Kirchenobere vor lauter Abwägerei nicht in der Lage sind. In einer Pressemitteilung wird Dolde zitiert: »Wie komme ich dazu, ausgerechnet im Gottesdienst beim Sprechen des Glaubensbekenntnisses vor allen Leuten regelmäßig zu lügen? Ich kann doch nicht glauben, dass Jesus vom Heiligen Geist gezeugt wurde. Ich kann nicht glauben, dass Maria Jesus als Jungfrau zur Welt gebracht hat. Ich kann nicht glauben, dass Jesus nach drei Tagen körperlich auferstanden ist. Diese Sätze sind eine Aneinanderreihung von Aussagen, die mir viel über frühere Traditionen und Glaubenshaltungen sagen, aber die ich schlichtweg nicht glauben will. Der Glaube, zu dem Jesus Christus die Menschen aufgerufen hat, besteht im Vertrauen, in Gottes Hand zu stehen.«

Fragen, wie sie Dolde hier stellt, haben offenbar viele Christen. Dennoch kann man wohl ins Grübeln kommen, untersucht man daraufhin die vorliegenden Leser-Credos. Die Vielfalt der Antworten ist zunächst einfach verwirrend. Wo soll das hinführen? Hätte man das überhaupt anfangen sollen? Diese Fragen werden uns oft gestellt. Aber sie helfen nicht weiter. Man muss die Vielfalt zunächst einmal anerkennen. So ist offenbar die Lage in unseren Konfessionen. Es gibt fast nur noch Teilidentifikationen mit kirchlichen Lehrinhalten. Glaubensfindung geschieht heute vieldeutig im Koordinatensystem von Individualisierung, Globalisierung (d. h. Berücksichtigung anderer Religionen) und Enttraditionalisierung. Erstaunlich, wie entschlossen der Bischof der Evangelischen Badischen Landeskirche, Ulrich Fischer, dies anerkennt: Er sieht in dem ganzen einen »unumkehrbaren und nicht zu bedauernden Prozess der Pluralisierung christlicher Glaubensüberzeugung« (»Mein Credo«, Band 2, S. 48).

Das alles hat natürlich Konsequenzen für die Gottesdienste. In beiden Konfessionen werden sie in der Regel von einer Liturgie getragen, die sich wie selbstverständlich auf die »korrekte Lehre«, die »Ortho-Doxie« stützt, einschließlich des Apostolikums. Und, nicht zu vergessen, einschließlich der Gestaltung des sakralen Raumes. Erreicht werden so vor allem Menschen, die sich in den traditionellen Formeln noch geborgen fühlen. Viele bleiben außen vor. Sie gehen nicht (mehr) hin, weil sie sich die Liturgie nicht ständig uminterpretieren wollen.

Will man das ändern, will man erreichen, dass in die zentrale öffentliche Veranstaltung der Kirchen wieder Leben einzieht, weil die Menschen gerne hingehen, so muss man vielfältige Gottesdienstformen anbieten. Neben den traditionellen auch solche für Suchende, Skeptiker und fern stehende Sympathisanten, für Menschen mit zweifelndem Glauben und Menschen mit weitem Glauben. Das dürfte eine eindeutige Schlussfolgerung aus den Leser-Credos sein.

PETER ROSIEN, KRONBERG

Es gibt viele Namen Gottes

Gott-Vater	Gott-Sohn	Gott-Geist
Ich-bin-da	Unser Bruder Jesus	Gottes Mütterlichkeit
Gott Israels	Gottes Wort	Ruah
Herrgott	Pantokrator	Tröster
Abba	Erlöser	Heiliger Geist
Kyrios	Befreier	Gott in uns
Schöpfer	Retter	Gottes Atem
Die Macht der Liebe	Christus/Messias	Heilige Geistin
Grund allen Seins	Menschensohn	Geist der Zärtlichkeit
Allmächtiger	Heiland	Weisheit der Gottesliebe
Menschenfreund	Versöhner	Begeisterer, Beseeler
Quelle alles Guten	Christkönig	
Alles in Allen und Allem	Weltenrichter	

Gott ist die Liebe

Gott ist die Liebe.
Und wer in der Liebe bleibt,
bleibt in Gott und Gott in ihm.
Das Vorbild ist Jesus Christus.

HERTHA RIESE, FLENSBURG

Ursprung, Ziel und Sinn der Evolution

Ich glaube an Gott, der als Schöpfer seit Jahrmillionen in der Evolution am Werke ist,

und an Jesus von Nazareth, der das Ziel und den Sinn der Schöpfung und des Schöpfers so verinnerlichte, dass er im Stande war, die Struktur der menschlichen Gesellschaft, die unter dem Symbol der Leiter die Menschen in oben und unten, in hoch und niedrig Stehende einteilt und damit zu verletzender Konkurrenz, Kämpfen um die Macht, Gewalt und Krieg, zu allem Bösen führt, durch sein Leben und mit seinem Leben zu überwinden, alle bisherigen Maßstäbe umzukehren und eine neue Struktur der Gleichberechtigung, der »Tischgemeinschaft«, zu errichten, in der nicht mehr Zwang, Gewalt und Krieg herrschen, sondern als einzige Ordnungsform das gegenseitige Dienen geübt wird. Dafür wurde er zum Tode verurteilt, unter Pontius Pilatus gekreuzigt, ist er gestorben und begraben worden. Unmittelbar danach ist er auferstanden in der Tischgemeinschaft, in der sein Geist lebt, in der Vertrauen, Hoffnung und Liebe wachsen, Menschen Vergebung und Freiheit von Angst und Unterdrückung erfahren und ein sinnvoll erfülltes Leben führen können.

Ich glaube an seinen Geist der Liebe, der Gemeinschaft und des verantwortlichen Daseins für andere, der wahre Menschwerdung für alle Menschen ermöglichen und die Entwicklung der Schöpfung zum Lobpreis Gottes führen wird.

Dafür will ich mit meinem Leben einstehen. Amen.

JOHANNES RIEDEL, LEIPZIG

Manchmal glaube ich

Ich glaube nicht an einen Gott
als den Schöpfer von Himmel und Erde,
als den Schöpfer von allen Lebewesen,
weil die wissenschaftlichen Beweise es nicht zulassen.

Ich glaube nicht an einen Gott,
wie er uns in der Bibel dargestellt wird,
an einen Gott, der alles sieht und alles weiß,
sonst könnte er doch nicht tatenlos zusehen,
wie Menschen morden und Kriege führen.

Ich glaube nicht an einen Gott,
der uns in der Bibel sagt,
was wir tun und was wir lassen sollen,
wie könnte es sonst sein, dass wir oftmals vollkommen ratlos sind
und nicht wissen, welches der richtige Weg ist, den wir gehen sollen.

Dennoch gibt es Tage, an denen ich an einen Gott glaube,
dann bete ich und hoffe, dass alles gut geht
oder ich bedanke mich dafür, dass in einem wichtigen Moment alles geklappt hat.

ROSI BURGMAYR,
SCHÜLERIN DER K 12, GABRIEL-VON-SEIDL-GYMNASIUM BAD TÖLZ

Bedeutung

Woran ich glaube, bedeutet wenig.
Woran du glaubst, bedeutet wenig.
Dass Gott an dich glaubt und an mich,
bedeutet alles,
nicht nur für dich und für mich.

PAUL GÄRTNER, BERLIN

Der »Ich bin da«

Ich wurde geboren – Du hast mich gewollt
Ich gehe meinen Weg – Du leitest
Ich suche Halt – Du hältst
Und Du sagst: »Ich bin da«

Ich habe Fehler – Du lächelst darüber
Ich habe Stärken – Du erkennst sie an
Ich bin Dein Partner – Du hast mich als solchen geschaffen
Und Du sagst: »Ich bin da«

Ich bin in Dir – Du bist in mir
Ich lebe – Du versprichst mir das ewige Leben
Ich werde sterben – Du wirst mich erwarten
Und Du sagst: »Ich bin da«

JENS HENNINGER, BAD SODEN

Gott wischt alle Tränen ab

Ich glaube daran, dass die Welt, so wie sie entstanden ist, nicht Produkt des Zufalls ist, sondern dass sie eine Bedeutung, einen Sinn hat.

Ich sehe, dass Menschen immer wieder verstrickt sind in Unheilsmechanismen. Das hindert sie, ihr eigenes Potenzial zur Entfaltung zu bringen und führt dazu, dass sie eigenes und fremdes Leben zerstören. Ich glaube, dass diese Verstrickungen nicht das letzte Wort sind, sondern es einen Ausweg gibt:

Jesus Christus

- Zuwendung der Liebe zu uns, aus der heraus neues Leben erwächst,
- weder Vermeidung noch Verdrängung, sondern Begleitung durch dunkle Geschehnisse hindurch zu neuem Leben (Auferstehung),
- Eintreten für Gerechtigkeit, so dass Unterdrückte und Gefangene befreit werden können.

Ich glaube, dass wir letztendlich nicht allein gelassen sind, sondern Gottes Geist uns begleitet, herausführt und vor dem letzten Tod schützt.
Ich glaube an ein Leben nach dem Tod, das für uns Lebende nicht vorstellbar ist, aber unvorstellbar gut sein wird – dann, wenn Gott alleTränen abgewischt haben wird.
Ich glaube, dass es ein letztes Gericht gibt, in dem alles zurechtgebracht werden wird.

SABINE JOCHHEIM, KRESSBRONN

Aufschrei

Ich glaube an Gott,
leider,
ich weiß, dass es ihn gibt,
den Vater,
meinen Vater,
der mich als Geistlicher im Namen Gottes
zwanzig Jahre lang missbraucht hat,
den Allmächtigen,
die beiden Allmächtigen,
die mein Leben
zur Hölle auf Erden gemacht haben.

Ich glaube,
nein, ich weiß,
dass das ewige Leben
noch viel furchtbarer sein wird.

Amen

JOHANNA BACHMANN-STEINMANN, MINDEN

Zielgerichtete Energie

Ich glaube an das Wirken einer zielgerichteten Kraft, die in der Lage war, aus Energie Materie zu erschaffen. Am Anfang war das Wasserstoffatom. Mit dem Wechsel von Licht und Finsternis, dem Trennen von Wasser und Land und dem wohldosierten Abstand der Erde zur Sonne waren die Voraussetzungen für das Entstehen von Leben geschaffen.

Das Wundermolekül der DNS, deren Fähigkeit zur identischen Replikation mit all ihren zufälligen Fehlermöglichkeiten hat der Erde Leben eingehaucht und unter den prägenden Umwelteinflüssen zu einer evolutionären Entwicklung bis zum Homo sapiens geführt.

Das Großhirn dieses Erdbewohners ist privilegiert unter all den anderen Lebewesen der Erde. Es allein kann eine Schöpfervermutung entwickeln und sich einen Gott nach seinem Ebenbild erschaffen. Es allein hat auch die Freiheit, diesen Planeten zu erhalten oder zu vernichten. Das Universum und die in ihm enthaltenen Naturgesetze bleiben für den Menschen unantastbar.

Ich glaube auch, dass die Kraft, die alles erschaffen hat, in jedem lebenden Wesen wirkt und ähnlich der Energie nicht mit dem Tod des Individuums verloren gehen kann. Das Göttliche in uns sollte uns einen respektvollen Umgang miteinander und mit unserer Umwelt abnötigen.

Ich glaube nicht, dass die Kraft, die alles erschaffen hat, auf die Worte von Individuen reagiert und Individualbedürfnisse befriedigt, auch ein Bestrafen von Einzelnen oder Gruppen ist nicht denkbar. Vielmehr kann ich frei wählen für mich allein zwischen dem Licht und der Finsternis.

BRUNO HOCK, TRIEFENSTEIN

Das ewige Du und sein ewiges Ja

Ich glaube an ein ewiges Du
das erschaffen hat was war,
ist und sein wird.

Ich glaube dass jedes Volk der Erde
seinen Namen nennt
und diese Namen im ewigen Du vereint sind.

Ich glaube dass Jesus Christus geboren wurde
um auf Erden Vertrauen, Hoffnung
und Liebe zu leben
die jeglichen Tod überwinden.

Ich glaube an den heiligen Geist
der in jedem Menschen lebt
und an die uns anvertraute Freiheit
diesem Geist in uns Raum zu geben.

Ich glaube an das ewige Du
und an ein ewiges Ja
zu seinem Geschöpf und seiner Schöpfung.

Amen

SUSANNA APOLLONIA KUNZ, ZÜRICH

Heilige Inspiration

Ich glaube an Gott,
lebendig in mir.
Und an Jesus Christus
der mir gezeigt hat
wie ich mit Gott leben kann.
Ich glaube an die heilige Inspiration
die mich in Verbindung bringt
mit Gottes gutem Atem.
Amen

GERTRUD BROCKMANN, MEINERZHAGEN

Gott ist kein zeitloses Schicksal

Ich glaube, dass Gott aus allem, auch aus dem Bösesten, Gutes entstehen lassen kann.

Dazu braucht er Menschen, die sich alle Dinge zum Besten dienen lassen.

Ich glaube, dass Gott uns in jeder Notlage so viel Widerstandskraft geben will, wie wir brauchen; aber er gibt sie nicht im Voraus, damit wir uns nicht auf uns selbst, sondern allein auf ihn verlassen.

In solchem Glauben sollte alle Angst vor der Zukunft überwunden sein.

Ich glaube, dass auch unsere Fehler und Irrtümer nicht vergeblich sind und dass Gott es nicht schwerer ist, mit ihnen fertig zu werden, als mit unseren vermeintlichen Guttaten.

Ich glaube, dass Gott kein zeitloses Schicksal ist, sondern dass er auf aufrichtige Gebete und verantwortliche Taten wartet und antwortet. Amen

DIETRICH BONHOEFFER – AUS DEM GEFÄNGNIS (GESTORBEN AM 9. APRIL 1945)
EINGESANDT VON ELISABETH STEINIGER, SCHWEDT

Visitenkarte der Liebe

Gar nichts ist selbstverständlich.
Jedes »Atom«, jeder Moment ist ein wunderbares »Geschenk« –
Grenzenloses Staunen vor dem unerschöpflichen Geheimnis
des »Urknalls« –
Naturwissenschaftlich gesehen hat so jedes jetzige »Atom«,
jeder Moment, »Ich« eine ungefähr 12,5 Milliarden alte »Wurzel« –
Dem unerklärlichen »Urknall« gebühren die höchsten Attribute:
»Menschengesicht«, »Liebe« –
Das Dasein ist eine »Visitenkarte« der »Liebe« –
Hier und jetzt ist jeweils der
entscheidendste Augenblick der Weltgeschichte.

THEO STREHL, HERISAU

Gott, warum?

Ich weiß nicht, was ich glaube.
Ich habe schon viel von dir gehört,
aber ich habe dich noch nie gesehen.
Alle sagen, du bist da,
im Herzen, im Himmel, überall.
Aber warum gibt es dann so viel Elend und Gewalt?
Wenn du doch da wärst,
würdest du doch helfen.
Ich brauche deine Hilfe nicht.
Also glaube ich an mich und nicht an dich,
denn auf mich kann ich mich verlassen.
Ich brauche keinen Gott.

DANIELA DOWIASCH,
JAHRGANGSSTUFE 12 DES GYMNASIUMS MARIANUM, WARBURG

Ja und Nein

Ich glaube an Gott

ja (meine persönlichen Bedenken zurückstellend: Ich bin nicht frei an Gott zu glauben oder nicht. Wesentlich ist: Gott glaubt mich.)

den Vater

oder Mutter oder jenes höhere (asexuelle) Wesen?

den Allmächtigen

angesichts dieser Welt, die nun auch noch eine durch Christus erlöste sein soll: nein

den Schöpfer des Himmels und der Erde

ja, wenn wir uns mal einigen können, ob wir nun die Erde und den nicht vorhandenen Himmel meinen oder die Unendlichkeit des Kosmos mit uns am Rande

und an Jesus Christus

Jesus ja. Christus bleibt mir trotz aller langen theologischen Erklärungen eine unverständliche Kopfgeburt. Auch ein evolutionäres Christusdenken mit einem substanziellen Vorhandensein im Ur-Anfang ist nicht gerade einsichtig.

seinen eingeborenen Sohn

einzig oder einheimisch?

unsern Herrn

unscharf: Gott ist der Herr

empfangen durch den Heiligen Geist

nein, auch als Symbolsprache psychologisch zweifelhaft

geboren von der Jungfrau Maria

ja von der jungen Frau, alles andere geht uns nichts an

gelitten unter Pontius Pilatus

ja

gekreuzigt, gestorben und begraben

ja

hinabgestiegen in das Reich des Todes

Symbolsprache

am dritten Tage auferstanden von den Toten

> ja, nur wundert mich: die ihn kennen, erkennen ihn nicht in seiner Person, sondern im Brotbrechen, im Handauflegen und in der Furcht,

aufgefahren in den Himmel

> Symbolsprache

er sitzt zur Rechten Gottes

> Symbolsprache

des allmächtigen Vaters

> Symbolsprache

von dort wird er kommen

> Symbolsprache, als Utopie nur im 1. Jahrhundert denkbar, was sollte jetzt eine Wiederkunft

zu richten die Lebenden und die Toten

> Symbolsprache, eine Gerechtigkeit, die erst nach Jahrtausenden einsetzt, ist uns nicht nachvollziehbar

ich glaube an den Heiligen Geist

> ich glaube an die Weisheit, an die Sophie als Gottes weiblichen Teil

die heilige katholische Kirche

> brauche ich nicht zu glauben, denn sie ist da

Gemeinschaft der Heiligen

> Symbolsprache

Vergebung der Sünden

> ich sehe immer nur – auch in der Kirche – Verdrängen und Vergessen

Auferstehung der Toten

> Symbolsprache

und das ewige Leben

> was soll das sein? Im nizäischen Credo steht »das Leben der kommenden Welt«. Dieser Glaube könnte tragen, wenn damit diesseitige christ-soziale Gerechtigkeit gemeint ist: Dein Reich komme.

JOHANNES KINMAYER, SONNEN

»Das Problem scheint nicht der Glaube zu sein, sondern die Sprache.«

Meine Bestimmung

Ich glaube an Gott
meinen Vater
den Allmächtigen
und meine Mutter
die lebende Erde
an ihren eingeborenen Sohn
Buddha Christus Mohammed
meinen Bruder

dessen Möglichkeiten ich empfing
vom heiligen Geist
noch ehe ich war
geboren zu werden
von einer jungen Frau wie Maria
meiner Hingabe und Bejahung
meiner mütterlichen Präsenz

von meiner Leichtfertigkeit gekreuzigt
durch meinen Unwillen gestorben
von meiner Gewissenlosigkeit begraben
hinabgestiegen in das Reich des Todes
meines Egos

aufzuerstehen vom Tod
aufzufahren in den Himmel
dort eins zu sein
gemäß meiner Bestimmung
mit der Liebe
die Gott ist

Ich glaube an den großen Geist
der die Liebe ist
die alles sieht
die alles verzeiht
die alles heilt

überall dort
wo Bewusstsein
an Göttliches gebunden ist

Ich glaube an das Leben
das ewig ist
das von Anbeginn Schöpfer war
und ohne Ende
allmächtig und herrlich
Schöpfer sein wird
denn am Anfang war das Wort

Amen

BRIGITTE SCHELLE, BAD ENDORF

Daran will ich glauben

Gott Vater
Jesus
und Heiliger Geist
Ich glaube an Dich

Du hast
Himmel und Erde
und die Menschen geschaffen
Du bist zu ihnen gekommen
weil Du sie liebst
Du hast sie geheilt
und erlöst
Du wirst wiederkommen
wir werden ewig leben
Daran will ich glauben

ST.-LAURENTIUS-GRUNDSCHULE, LIEBENAU
(AUSWAHL AUS VIER EINGESANDTEN CREDOS.
NAME DES SCHÜLERS UNBEKANNT)

Was ich glaube zu wissen

Ich glaube an Gerechtigkeit, an wahr und falsch.
Ich glaube an meine Existenz, an Fehler und Irrtum.
Ich glaube an mich selbst, an Verantwortung und Wissen.
Ich glaube an Ratio, Laster und Leidenschaften.

Ich glaube nicht, sondern weiß um die Beschaffenheit der Dinge.
Ich glaube zu wissen Raum, Zeit und Materie.
Ich glaube an die aus diesen Dingen resultierende Logik und Unendlichkeit.
Ich weiß um den Irrsinn dieses Allwissens.

Ich glaube nicht an Gott als Vater, Sohn und Heiliger Geist.
Ich kann Gott als Schöpfer theoretisch widerlegen.
Ich glaube dennoch zu wissen was Gott ist.
Gott ist der Beginn und das Ende von Raum, Zeit und Materie.

Ich glaube was ich weiß,
Ich weiß auch was ich glaube.
Ich glaube, dass Gott das ist, was wir nie wissen werden.
Ich glaube, dass Gott alles das ist, was für immer jenseits unseres Wissens ist.

FLORIAN DÖRFLER,
SCHÜLER IN DER K12, GABRIEL-VON-SEIDL-GYMNASIUM BAD TÖLZ

Geboren aus der Jungfrau Maria?

Von den überlieferten Dogmen unserer Konfessionen bekennen wir als Katholiken und Evangelische mit den Worten des Apostolicums: »Empfangen vom Heiligen Geist, geboren aus Maria der Jungfrau.«

Wenn wir gemeinsam glauben, dass Jesus ein wahrer Mensch ist, warum sollen wir dann bei der Zeugung Jesu durch seinen leiblichen Vater, den Verlobten der Maria, nicht daran denken, dass Jesus ebenso wie wir durch den im Menschen angelegten Trieb der Fortpflanzung, das heißt durch den Akt der biologischen Zeugung, empfangen wurde?!

Sollte dahinter der Gedanke stecken, dass mit dem sexuellen Akt etwas Böses verbunden ist, das heißt eine »Befleckung« stattgefunden hat? Wahrscheinlich ist die Formulierung nur ein Versuch, das Wunder der Menschwerdung Gottes in mythologischer Form zur Sprache zu bringen.

Es müsste also heute heißen: »Gezeugt von dem Zimmermann Joseph und geboren aus seiner Verlobten Maria.«

HEINRICH DIESTELMEIER, BAD SALZUFLEN

Um Gottes Willen

Um Gottes Willen sage mir
woran ich glauben kann,
wenn Länder, Städte, Häuser
brennen und Menschen,
lichterloh.

Die Bilder rauben mir den Schlaf
und hindern mich,
aus diesem Albtraum
zu erwachen.

In Gottes Willen brannte einst
ein Dornenbusch und blieb doch
unversehrt.

Wärst du in mir,
könnt' ich in Flammen stehn
und bliebe dennoch heil,
auch wenn mich Träumende
mein Traum verließ
wär' ich nicht gänzlich
so verlassen.

Ich ziehe meine Schuhe aus
und warte hier auf dich;
Gott Mutter, bitte,
höre mich.

ANGELIKA GENKIN, MÜNCHEN

Ruah – göttliche Weisheit

Du bist da, wo Menschen leben – Du bist da, wo Leben ist
Du bist da, wo Blumen blühen – Du bist da, wo Leben ist
Du bist da, wo Kräuter heilen – Du bist da, wo Leben ist
Du bist da, wo Ähren wachsen – Du bist da, wo Leben ist
Du bist da, wo Trauben reifen – Du bist da, wo Leben ist
Du bist da, wo Quellen rauschen – Du bist da, wo Leben ist

LUCIA BINDER, WEINFELDEN (SCHWEIZ)

Eine breite Straße der Begegnung

Ich weiß, dass ich – zu anderer Zeit geboren, in einer anderen Kultur verwurzelt, in einer anderen Familie aufgewachsen – dass ich da einer anderen Religion verbunden wäre.

Ich glaube, dass Gott der Schöpfer allen Seins – aller Zeiten und aller Kulturen ist.

Ich glaube, dass Gott alle seine Geschöpfe wahrnimmt, sie liebt – egal wie sie ihn benennen.

Ich danke Gott, dass ich ihn hier und heute in seinem Sohn Jesus Christus – und in der Gemeinschaft aller Christen erleben darf.

Ich glaube, Jesu Auftrag war, die väterlich-mütterliche Liebe Gottes in seinem eigenen Leben, für alle Geschöpfe fühlbar und greifbar zu machen.

Ich glaube, dass dies auch der Auftrag an uns ist, wenn wir Jesus nachfolgen wollen.

Ich glaube, dass der Geist Gottes dazu bei uns ist.

Ich glaube, dass auch in meinem Sterben Gott mich umfängt, dass ich in ihm nicht tot bin, sondern lebe.

Ich glaube, dass Gott von all seinen Geschöpfen ersehnt wird, dass aber keine Sehnsucht und keine Religion Gott ganz erfassen kann.

Ich glaube, dass unser aller Unvermögen eine breite Straße der Begegnung, der gegenseitigen Duldung, der hilfsbereiten Liebe sein soll – die letztendlich in Gott mündet.

URSULA GLATZEL, BERLIN

Höher als unsere Vernunft

Ich glaube an Gott, den Schöpfer,
der eine Welt von unermesslicher Schönheit ins Leben rief.
Er hat den Menschen beauftragt, sie zu bebauen und zu bewahren.

Darum finde ich mich nicht ab
mit dem Raubbau an der Natur,
mit der Rechtlosigkeit von Pflanzen und Tieren,
mit der Vergiftung von Luft und Wasser.

Ich glaube an Jesus Christus:
Er nennt alle Menschen seine Brüder und Schwestern.
Sein Tod und seine Auferstehung schenken
allen Menschen Würde und Freiheit.

Darum finde ich mich nicht ab
mit der Teilung der Menschheit in Reiche und Arme,
Wissende und Unwissende, Mächtige und Machtlose.

Ich glaube an den Heiligen Geist:
Er weckt Mut und Phantasie.

Darum finde ich mich nicht ab
mit sogenannten Rollen- und Sachzwängen,
mit unmenschlichen Ordnungen,
die den Geist der Freiheit zu töten versuchen.

Ich glaube an den Frieden,
der höher ist als unsere Vernunft,
an sinnvolles und erfülltes Leben in Freiheit
für alle Menschen
und an die Zukunft dieser Welt
in der unzerstörbaren Liebe Gottes.

Amen.

VERFASSER UNBEKANNT

EINSENDERIN: REGINA KAUCZOR, BERLIN

Denk- und Sprachwandel

Die kirchliche Sprache des Glaubens hat ein Problem: Sie wird immer mehr Menschen immer unverständlicher. Sie wirkt selbst auf Gemeindemitglieder zunehmend so, als würde sich eine Gruppe mit einer Insider-Sprache absichtlich von der übrigen Gesellschaft abgrenzen und geheime Botschaften austauschen wollen.

Unterwegs zu einem zeitgemäßen Credo

In den letzten dreißig Jahren hat in der Gesellschaft ein enormer Denk- und Sprachwandel stattgefunden. An die Stelle eines metaphysischen Denkens und Sprechens, das hinter der sichtbaren eine unsichtbare, entscheidendere Welt annahm, ist ein strukturelles, funktionales und systemisches Denken getreten. Am auffälligsten ist der radikale Sprachwandel im Jargon junger Menschen. Die moderne Naturwissenschaft hat überdies das »Wissen« um eine sichtbare und eine unsichtbare Welt ineinander geschoben und ins Modell- und Systemdenken umgesetzt. Was früher als »metaphysisch« galt, ist darin heute zwar unverzichtbarer, aber nicht abzugrenzender Teil eines Systems, ist seine Ausrichtung und Kreativität sowie die Selbstüberschreitung seiner Grenzen. Im nachmetaphysischen Zeitalter wird deshalb streng metaphysisches Denken, wie es die Glaubenssprache prägt, unverständlich.

Hinzu kommen den Menschen in Verkündigung und Lehre vorenthaltene historisch-kritische Erkenntnisse. Ebenso die mangelhafte bis nicht vorhandene Verbindung der Glaubenssprache mit der heutigen Erfahrungswelt und das Beharren der Kirche auf der bloßen Wiederholung abstrakter und erfahrungsarmer Lehrformeln. Davon ist besonders das kirchliche Credo betroffen, das Zentrum der Glaubenssprache. In jedem Gottesdienst präsent, droht das Glaubensbekenntnis zu einer Ansammlung von Leerformeln zu werden. Kein Wunder, dass das Credo-Projekt von *Publik-Forum* dermaßen viel angestoßen und an Mitarbeit ausgelöst hat: Menschen sind auf der Suche nach einem ihren Erfahrungen, ihrem religiösen Wissen, ihrer Christlichkeit und ihrem Denken angemessenen Credo. Dabei ist es nicht unerheblich, sich des kirchlich immer noch gültigen Credos zu vergewissern, die Sprache zu überprüfen und die damit verbundenen Anliegen zu sehen und möglicherweise aufzunehmen. Denn es gilt, nicht nur ein subjektives, sondern ein für viele nachvollziehbares Credo zu entwickeln.

Norbert Scholl hat sich in seinem Buch »Das Glaubensbekenntnis, Satz für Satz« dieser Aufgabe angenommen, um zu neuen sprachlichen und inhaltlichen Perspektiven des christlichen Credos zu finden. In seinem gleichermaßen radikal kritischen wie ehrlichen, gleichermaßen verständlichen wie informativen Buch geht er zwar das apostolische Credo Satz für Satz durch. Doch Scholl stellt auch entscheidende Grundsatzfragen wie etwa nach der Art des Glaubens, nach der Geschlechtlichkeit Gottes, nach der Entstehung des Glaubens an einen »dreifaltigen« Gott. Und wie wahr: Neben den Bekenntnissen der Israeliten zu ihrem Gott und ihren Erfahrungen mit ihrem Gott wirkt das christliche Credo steril. Gott wird dem menschlichen Alltag entrückt. Von Jesus bleibt eine knappe Erinnerung ohne den Kontext der Erfahrungen. Für die Glaubenspraxis entstehen keine Perspektiven. Scholl: »So kann leicht der Anschein entstehen, zum Christsein gehöre es vor allem, den ›rechten‹ Glauben mit den richtigen Worten und Begriffen zu bekennen.« Umso wichtiger, dass Scholl jeden Satz des Credos auseinander nimmt, die bekannten Sachverhalte auf ihre Stimmigkeit und ihre biblischen Grundlagen hin abklopft und die jeweiligen praktischen Folgen bewusst macht. So entsteht eine Art Schnellkurs zu den Kernstücken des christlichen Glaubens, in dem zudem konstruktive Vorschläge gemacht werden, wie etwa die »Dreifaltigkeit« Gottes verstanden werden kann, ohne sich einen Knoten ins Gehirn zu machen.

NORBERT COPRAY

Das Apostolische Credo

Ich glaube an Gott
den Vater, den Allmächtigen,
den Schöpfer
des Himmels und der Erde,
und an Jesus Christus,
seinen eingeborenen Sohn,
unsern Herrn,
empfangen durch den Heiligen Geist,
geboren von der Jungfrau Maria,
gelitten unter Pontius Pilatus,
gekreuzigt, gestorben und begraben,
hinabgestiegen
in das Reich des Todes,
am dritten Tage auferstanden
von den Toten,
aufgefahren in den Himmel;
er sitzt zur Rechten Gottes,
des allmächtigen Vaters,
von dort wird er kommen,
zu richten die Lebenden
und die Toten.
Ich glaube an den Heiligen Geist,
die heilige christliche/katholische
Kirche,
Gemeinschaft der Heiligen,
Vergebung der Sünden,
Auferstehung der Toten
und das ewige Leben.

Amen.

Vorschlag für ein neues Credo

Ich glaube an Gott.
Er ist wie Vater und Mutter.
Er ist Anfang von allem
und Freund des Lebens.
Ich glaube an Jesus, den Christus.
Er ist das Kind jüdischer Eltern,
ein Geschenk für die ganze Welt.
In Wort und Tat hat er Zeugnis gegeben
von der Liebe Gottes zu seinem Volk
und zu allen Menschen.
Pontius Pilatus hat ihn zum Tode
verurteilt
und kreuzigen lassen.
Doch Gott hat ihn vom Tode erweckt.
Das bezeugen seine Freunde.
Ich glaube an Gottes lebenschaffen-
den Geist.
Ich bekenne mich zu der einen
christlichen Kirche,
geeint in Wort und Sakrament.
Ich erwarte die Auferweckung der Toten
zu einer versöhnten Gemeinschaft aller
in Gott.
Amen.

NORBERT SCHOLL IN SEINEM BUCH: DAS GLAUBENSBEKENNTNIS – SATZ FÜR SATZ ERKLÄRT.

Meine »Übersetzung«

Ich habe gute Gründe, Gott zu vertrauen,
dem »väterlich-mütterlichen« Grund, der in sich vollkommen ist
und so den Menschen und die Welt freigibt in
ihre Eigenständigkeit und sie darin erhält.
Ich vertraue Jesus Christus
dem »reinen Spiegelbild Gottes«;
in ihm ist Gott selbst Mensch geworden.
Er wird seiner Botschaft nicht untreu, sondern
nimmt aus Liebe sogar den Tod in Kauf.
Er will alle Toten mit sich ziehen
in die Dimension Gottes hinein, welche die Welt
und alle unsere Vorstellungen übersteigt.
Dort hat er, der einst ohn-mächtig war, wieder
alle Macht Gottes.
Als Richter wird er uns Gottes Liebe und
Vergebung anbieten.
Ich vertraue der Heiligen Geistin, Gott in seiner schöpferischen Kraft.
Sie wirkt in der Kirche trotz aller Unzulänglichkeilen
und lässt uns Gemeinschaft haben mit denen,
die schon bei Gott »heil« angekommen sind.
Ich vertraue darauf, dass weder Schuld noch Tod
mich von Gott trennen können
und ich einst im Schauen seines Angesichts
Erfüllung und Vollendung finden werde.

RENATE SCHULZ, BAD SACHSA

Auf den Punkt gebracht

Ich glaube an Gott, der die Liebe ist,
der das Entstehen und Werden von Himmel und Erde vom Anfang bis zum Ende schöpferisch begleitet und Menschen zu Mitarbeitern macht;
der seinen Sohn Jesus Christus auf die Erde sandte,
um uns Menschen ein Beispiel gelebter Liebe zu geben,
um uns exemplarisch zu zeigen, wie sich als Mensch gottgewollt leben lässt;
der in der Kraft des heiligen Geistes mit aller Kreatur Versöhnung stiftete und sogar den Dirnen, den Ausgestoßenen, den Feinden und Gescheiterten einen neuen Anfang zum Leben nach Gottes Plan ermöglichte.

Ich glaube an Jesus Christus, der von einer begnadeten und auserwählten Frau geboren wurde und ein Mensch wurde wie jeder Mensch;
der seinem gottgewollten Auftrag der Praxis der Liebe und Gerechtigkeit bis ans Ende treu blieb;
der bis in den Tod hinein nicht aufgehört hat zu leben, was er lehrte – allen evangeliumsfernen Lebenshaltungen seiner Gegner zum Trotz.
Wie ein Samenkorn, das in die Erde fällt und stirbt, ist er in den Tod gegangen.
Er hat sich der Macht des Todes und der Finsternis unterworfen, um sie zugleich zu brechen und Zukunft zu eröffnen über den Tod hinaus.

Ich glaube an die Kirche als eine Gemeinschaft aller Getauften,
die, den Herausforderungen der jeweiligen Zeit entsprechend,
die Nachfolge Christi zu leben versucht – statt Volksmassen anonym zu versammeln und zu lebensfernen Traditionen und Ritualen zu verpflichten;
die Lebens- und Glaubenswahrheiten einübt – statt Menschen mit unverständlichen Satzwahrheiten und Moralvorschriften zu belasten;
die in allen Lebenslagen die Praxis Jesu auf die Höhe der Zeit zu bringen trachtet – statt in Studierstuben theologische Denksysteme und missionarische Ideologien zu ersinnen, die die Menschheit noch mehr trennen und in feindliche Lager spalten als sie ohnehin schon zerrissen ist;
die getane und sich ereignende Überzeugungen zum Licht der Welt werden lässt – statt in Verwaltungsapparaten auf viel Papier mit Leerformeln und erdachten Konzepten herumzuhantieren, die ohne jede Wirkung sind.

Ich glaube, dass die menschenbezogenen und situationsgerechten Verhaltensweisen Jesu – je nach Ort und Zeit auf den Punkt gebracht und ohne Rücksicht auf Stand, Geschlecht und Rasse – der Menschheit wirklich zum Heile dienen und das Reich Gottes schon jetzt entstehen lassen können – wenn auch noch so begrenzt und fragmentarisch:
den Samenkörnern gleich, die zum Baume werden; den Lichtstrahlen der aufgehenden Sonne gleich, die die Wiederkunft der ewigen Sonne ankündigen am Ende der Tage und am Ende der Zeit.
Ich glaube, dass es in Jesus Christus ein Leben der Auferstehung nach dem Tode gibt, aber auch ein Leben vor dem Tod – an die Nachfolge-Gemeinschaft derer, die sich bis zum Ende ohne Unterlass in seinem Namen versammeln und gewissenhaft prüfen, wie sie Zeichen der Hoffnung und Zuversicht in der Welt zu sein vermögen.

FRITZ KÖSTER, BOPPARD

Glaube, Vorstellungen und Gewissheiten

Ich stoße mich inzwischen nicht (mehr) an den hergebrachten Formulierungen, die den Zugang zu den Worten des Glaubensbekenntnisses erschweren; dieses hat vielmehr für mich einen weiteren, umfassenderen Sinn bekommen. Wie hätte man seinerzeit anders oder besser zu den Menschen sprechen können, die nicht lesen und schreiben konnten und der intellektuellen Vorstellungskraft entbehrten? Heute brauchen wir wohl eher Ausdrücke, die leichter und direkter zum Sinn führen. Um so schwieriger wird uns ein gleichwertiger sprachlicher Ausdruck gelingen.

Ich glaube an Gott, den Vater, den Schöpfer Himmels und der Erden ...
die Schöpfung, in die wir alle eingebettet sind, ist Gott, Sinnbild allen Entstehens und Vergehens. Nicht erklärbar, aber spürbar in seiner Wirkung. Gott ist in mir, ich brauche kein Bild, um zu glauben, aber seine allumfassende Größe gibt mir für mich die Verantwortung, die sein Eingreifen in mein persönliches Schicksal nur auf mein eigenes Bemühen beschränkt.

Es fällt uns sicher leichter, an einen Schöpfer des Himmels (Weltall) zu glauben, als sich von diesem Schöpfer eine Vorstellung zu machen. So suchen wir immer wieder nach uns vertrauten weltlichen Bildern, etwa dem eines Vaters (Erzeugers). Wir suchen nach einem Zugang zu diesem Schöpfer, wir möchten ihn ansprechen, von ganzem Herzen, mit ganzer Seele und von ganzem Gemüte.

Schwer vorstellbar ist (s)ein Tätigwerden von außen, ein Eingriff, der sich auf mich persönlich richtet, womöglich für mich etwas verändern soll. Angesichts einer unendlichen Menge von Einzelschicksalen käme mir mein eigenes Schicksal auch so unbedeutend und eines Eingreifens nicht wert vor.

Ich betrachte mich dagegen als Teil der Schöpfung, dem die ersehnten Möglichkeiten selbst geschenkt sind. Innerhalb meiner selbst kann ich mit Gebeten und Bitten die Kräfte des Schöpfers in mir selbst wecken. Ich kann mich an ihnen und auf sie ausrichten und ich habe das Erlebnis, diese Kräfte dabei wachsen zu fühlen.

Als auch noch so kleiner Teil der Schöpfung bin ich nicht verloren, sondern lebe weiter, in welcher Form auch immer, nicht in meiner derzeitigen individuellen Form. Gleichzeitig ist es eine große Verpflichtung, sich als Teil der Schöpfung richtig zu verhalten.

Im Gesamtzusammenhang der Weit, der Schöpfung ist mein persönliches Schicksal unwichtig

... und an Jesus Christus, seinen eingeborenen Sohn, unseren Herrn ...

ein Mensch, der Gott am nächsten kam, am ähnlichsten war und für uns zum Vorbild und zu einem lebendigen Beispiel für eine wertvolle Lebensführung wurde.

... empfangen durch den heiligen Geist ...

Empfangen im schöpferischen Sinne aus dem heiligen = allumfassenden Geist Gottes. Empfangen = herkommend.

... geboren von der Jungfrau Maria, ...

der jungen, der bis dahin noch nicht verheirateten Frau

... gelitten unter Pontius Pilatus, ...

– ohne tieferen Sinn, Zeitangabe.

... am dritten Tage auferstanden von den Toten, ...

Wie überliefert, erschien er verschiedenen Leuten. Ob er tatsächlich auferstand oder nur scheintot war, ist unerheblich. Einem Schöpfer wäre es ein kleines, sich der gewünschten Weise zu bedienen. Die Figur Christi wurde unsterblich in uns und insoweit auch eins mit dem Vater.

... aufgefahren gen Himmel; er sitzt zur Rechten Gottes, des allmächtigen Vaters, ...

auf der rechten, richtigen Seite

... von dort wird er kommen zu richten die Lebenden und die Toten.

sein vorbildliches Handeln gab uns Gott als Maßstab für unser Leben. Richten als Richtschnur, nicht als verurteilen. Sünde als Kennzeichnung des Abstandes, der Entfernung von unseren Zielen, denen wir doch näher kommen sollen, freilich wie einer Asymptoten, der die Unerreichbarkeit innewohnt.

Ich glaube an den heiligen Geist, ...

einen umfassenden, vereinenden Geist aller derer, denen gemeinsame Ziele – christliche Ziele wichtig sind,

... eine heilige christliche Kirche, ...

diese Kirche ist das Einzige, woran ich nicht glaube. Die Kirche ist eine weltliche Macht, früher, jetzt und künftig beladen mit der Schuld unchristlichen Handelns. Die christliche Religion könnte dagegen wirklich eine heilige (umfassende) einende, vereinigende, ganzheitliche sein.

... die Gemeinschaft der Heiligen, ...

dass sie uns und unser Leben und Handeln im Sinne des Christentums zu einer (starken) Gemeinschaft macht.

... Vergebung der Sünden, ...

die unseren persönlichen Abstand von unseren Zielen, Idealen und den Taten unserer Wirklichkeit bedeuten. Wir werden nicht verurteilt, sondern in Gnade und Liebe immer wieder aufgenommen, so dass wir dazu gehören.

... Auferstehung der Toten und ein ewiges Leben.

Mein individuelles irdisches Leben wird zu Ende gehen. Es wäre für den Schöpfer ein Leichtes, den Leib unsterblich zu machen, aber dieser wird nur begrenzt gebraucht. Unser Körper mag in unseren Nachkommen weiterleben. Unsere Anlagen, Eigenschaften, unser Aussehen, unsere Gestalt, unsere Fähigkeiten, Schwächen und Stärken, unser Suchen, Wirken, unsere Liebe wird weiter da sein und neue Veränderungen und Ausformungen erfahren.

Mein Geist und meine Seele werden leben: Alles was ich gesagt habe, meine Gedanken, von denen ich gesprochen habe, mein Denken, von dem ich erfüllt war, das aus mir sprach, meine Fürsorge und Liebe, die anderen zuteil wurde, meine Vorstellungskraft und mein Gestaltungswille, die meine Umgebung wahrnahm, meine Art zu reden und mich zu begeistern, meine mutigen Taten, meine Sorgen und Ängste, mein Charakter, mein Wesen, meine Schwächen, meine Größe und Großzügigkeit.

Alles dies wird in meinen Nachkommen fortleben und in neuen Verbindungen neue Strukturen und neue Möglichkeiten der Auswirkung erhalten. Wir leben in neuen Menschen weiter, immer blasser, immer weniger erkennbar, aber auf unendliche Möglichkeiten vervielfacht.

Ein neuer Mensch empfängt über sein ganzes Leben hin nicht nur die Impulse, Gedanken, Wertvorstellungen, Betrachtungs-, Handlungs- und Denkungsweisen seiner Eltern, auch die aller Menschen seines Beziehungsgeflechtes und seines Umfelds. Aus der Liebe und Fürsorge, aus dem Hoffen und Wünschen, aus ihrem Sehnen und Glauben, aus den Bindungen und Zuwendungen ihrer Herzen formt sich seine Seele und empfängt ihre Kräfte, wird reich, machtvoll und offen in der Weitergabe an andere.

Leben heißt geben und nehmen, immer wieder wagen, auf Nähe und Zugang gerichtet, immer wieder auch Höhen und Tiefen erleben, immer wieder neue Formen, Wege und Möglichkeiten finden.

Das Leben verbindet das Ende des einen unverwechselbaren Wesens mit der Geburt eines neuen Wesens. So ist das Leben die Fülle im Gegensatz zur Leere, Miteinander und Austausch im Gegensatz zur Einsamkeit, das Glück des Schenkens gegen die rastlosen Augenblicke des Nehmens. So bin ich dankbar für die Gnade aus dem Geschenk meines Lebens, eines Lebens, das köstlich gewesen ist und das seine Erfüllung gefunden hat.

Wir erstehen in unseren Kindern und Nachkommen wieder auf.

Unser Individuum endet mit dem Tode, um neue Entwicklungen und Entwicklungschancen zuzulassen. Wir können in unseren Gedanken, Worten und Werken, in unsere Impulsen auf unsere Mitmenschen weiterleben, solange es Leben gibt.

In der Endlichkeit meines Daseins liegt das Geschenk einer immer neuen Entwicklung mit unendlichen Möglichkeiten, liegt das Leben, das den Tod überwindet, liegt das ewige Leben. Ewigkeit bezogen auf den von uns überschaubaren und begreifbaren Zeitraum – eine wunderbare, beruhigende und beglückende Vorstellung.

Die Seele (das Innere, das Gefühlsleben) ist in dieses Leben einbezogen. Die Seele hinterlässt noch größere Spuren als der Geist, auch weil sie weniger begreifbar ist.

Im Anfang schuf Gott Himmel und Erde und die Erde war wüst und leer. Im Anfang schuf Gott das Weltall in Materie und Antimaterie, würden wir heute sagen können. Er ließ die wunderbare Vielfalt unserer Welt aus den gleichen Bausteinen entstehen. Wir begriffen die Veränderung der Erbmasse durch Quantensprünge ohne zu begreifen, woraus die Quantensprünge entstehen. Eines Tages bildeten sich menschenähnliche Wesen, eines Tages dann auch der Mensch.

Das Überschreiten der Schwelle dieses Unterschiedes zwischen unbewusstem Wesen und Mensch wird gekennzeichnet durch das Essen vom Apfel des Baumes der Erkenntnis im Paradies. Die Erkenntnis bedeutet zugleich Verantwortung und das Vertriebenwerden aus dem Paradies, dem Bereich der Sorglosigkeit, der Ahnungslosigkeit und der Unbescholtenheit. Die Schlange kennzeichnet den Entscheidungsprozess, das Schwanken, Hin- und Hergerissensein, das Unbestimmte und das Ungreifbare. Der Schritt aus dem Paradies ist wie die Erkenntnis unumkehrbar. Verantwortung kann nicht zurückgegeben werden. Dies sagt uns der Engel mit dem Flammenschwert. Die Flamme als etwas für den Menschen nicht Fassbares oder Ertragbares. Ich bewundere die Ausdruckskraft und Eindringlichkeit dieser Bilder.

In dieser neuen Welt der Erkenntnis und der Verantwortung sind wir eingebettet in Liebe und Gnade. Gott spricht durch Jesus auch nicht von Verdammnis. Diese ist eine Erfindung der Kirche als Mittel der Einschüchterung, als Machtmittel. Himmel und Hölle sind immer nur die Gleichnisse für oben und unten, für gut und böse. Manchmal ziehen in unseren letzten Lebensminuten mit der physischen Auflösung unseres Hirns unsere Erlebnisse und Taten an uns vorüber und wir wissen ganz klar, wie wir diese einzuordnen haben.

Ist dies ein Ursprung der Idee des »Fegefeuers«?

Würden wir eine Gesellschaft mit der Ausarbeitung eines persönlichen Konzeptes für unser Glück und Glücklichsein beauftragen, es müsste wohl die christliche Religion dabei herauskommen, aber womöglich würden wir es nicht merken.

Wir glauben an Gott unseren Schöpfer, der uns immer lieben und als seine Geschöpfe behalten wird.

Wir werden immer Teil seiner Schöpfung bleiben, auch wenn wir uns einmal von ihm entfernen. Er ist in uns und hört uns. Wir können ihn wahrnehmen, wenn wir still werden und ihn suchen. Seine Liebe zu uns schließt seine Verzeihung ein und schenkt auch uns die Gabe des Verzeihens.

Von Gott kam Christus, unser Bruder und Vorbild, der Gottes Geist in seiner Lehre und seinem Wirken für immer in uns lebendig hält. Er lehrte uns Gottes Liebe zu erkennen und zu erfahren und diese Liebe auch unseren Mitmenschen zu schenken. Er lässt uns fühlen, wie unsere Liebe zu anderen uns selber mit Glück und Freude erfüllt.

Unser Schöpfer liebt uns als seine Geschöpfe. Er hält uns jederzeit den Weg zu sich offen. Es kommt auf mich an, ob ich diese Möglichkeit wahrnehme und ergreife.

In Gottes Liebe habe ich die Fähigkeit zur Liebe für meine Mitmenschen und für alle Geschöpfen erhalten. Je mehr ich diese Liebe selbst weiter verschenken wird sie auf mich zurückstrahlen und mich glücklich machen. Je mehr ich aber seine Liebe und Güte vergesse und mich von ihm abwende, desto weiter entferne ich mich von der Gemeinschaft mit meinen Mitmenschen, von der Gerechtigkeit und desto mehr verlasse ich mein Glück, werde einsamer und unglücklicher.

Gottes Geist umfasst unsere ganze Welt. Er gibt uns seine Kraft für ein Leben in ihm und das Einswerden mit sich. In seinem Geist sind wir alle Schwestern und Brüder und seine Kinder. Mit meinem freien Willen habe ich die Verantwortung für meine Gedanken und Taten.

TILE BRAKEBUSCH, REGENSBURG

Drei Fundorte für universelles Reden über Gott

Das Credo-Projekt von *Publik-Forum* versucht den alten Glauben der christlichen Überlieferung in unserer modernen individualisierten Gesellschaft neu zu formulieren. Das Projekt war sehr erfolgreich; Tausende haben sich daran beteiligt und beteiligen sich weiter, sodass nun schon ein drittes Credo-Buch vorliegt. Das erste Ziel war sicher, Kurzformeln des christlichen Glaubensbekenntnisses für die moderne Zeit zu finden. Es war und ist ein Selbstverständigungsprozess jedes einzelnen Christen und zwischen den Christen um die Frage: Welchen aktuellen Sinn hat mein überlieferter Glaube in der gegenwärtigen Lebenswelt? Alle Beteiligten wurden mit der leidigen Gottesfrage und der Botschaft Jesu vom Gottesreich irgendwie konfrontiert und lernten die Mühe der Sprachprobleme von Dolmetschern, Übersetzern und Theologen kennen. Viele entdeckten die Bedingungen und Grenzen religiösen Sprechens neu. Einige entwickelten sich zu Meistern der negativen Theologie, indem sie hervorragend formulierten, warum sie an etwas *nicht* glaubten. Diese Grenzprobleme versuchte ich im Credo-Buch 2 aufzuzeigen. Das Formulieren eines zeitgemäßen Glaubensbekenntnisses ist aber nicht nur ein Sprachproblem zwischen Christen untereinander und deren kirchlichen Gemeinschaften, sondern betrifft auch die Kommunikation mit Menschen anderer Kulturen und Religionsgemeinschaften, die in unserer nächsten Umgebung wohnen und unsere Nachbarn geworden sind.

Wie spreche ich mit einem Buddhisten oder einer Buddhistin, einem Juden oder einer Jüdin, einem Moslem, einer Moslema, einem Scharmanen oder einer Atheistin, denen ich in meinem täglichen Leben begegne, über meinen christlichen Glauben? Kann ich von ihnen und ihrem Glauben etwas für meinen Glauben lernen? Welche praktischen Folgen hat dabei für Katholiken die gültige Lehre des Zweiten Vatikanischen Konzils über die Religionsfreiheit oder dessen Erklärung über die nicht-christlichen Religionen? Welche Worte und Verhaltensweisen muss ich finden, um nicht historischen Sünden in Gedanken, Worten und Werken zu verfallen? Diese Fragen stellten sich mir, als ich über das Credo-Projekt nachdachte, und so ging ich auf Antwortsuche. Ein Ergebnis meines Nachdenkens und Nachforschens deutete sich bereits im Credo-Buch 2 an.

Ich war bei dem evangelischen Theologen Timothy Yong-Xiang aus Taiwan fündig geworden. Meinte er doch, das Konzept des »ch'i« im traditionellen chinesischen Denken könnte man mit der Lehre vom Heiligen Geist im Christentum vergleichen. Der heilige Geist »ch'i« würde »yang« (Himmel) mit »yin« (Erde) vereinen. Er verbinde die Jesusbotschaft vom Vater im »Himmel« und seinen Kreuzestod mit der Gesetzlichkeit der »Erde«. Die Kurzformel des christlichen Glaubens wäre dann in chinesischer Denkwelt: Ich glaube an Gott YANG (Himmelvater), YIN (Erdenmutter-Sohn) und CH'I (Heiliger Geist).

Mein zweiter Fundort war das Buch des vietnamesischen buddhistischen Mönchs und Zenmeisters Thich Nhat Hanh »Buddha und Christus heute«. Er schreibt dort: »Der beste Theologe ist derjenige, der möglichst wenig über Gott sagt, auch wenn das Wort ›Theologie‹ ›Rede von Gott‹ bedeutet. Es ist ein gewagtes Unternehmen über Gott zu reden. Der Gottesbegriff könnte uns daran hindern, Gott als Liebe, Weisheit und Achtsamkeit zu berühren.« Und er fährt fort: »Der Buddha war nicht gegen Gott. Er war nur gegen Gottes*begriffe*, die bloß geistige Konstrukte sind und nichts mit der Wirklichkeit zu tun haben.« Nach diesen Worten war ich überrascht, wenige Seiten später ein von Thich Nath Hanh formuliertes Glaubensbekenntnis in den Worten klassischer christlicher Theologie aus dem vierten Jahrhundert zu finden. Eingeleitet wird dieses von ihm formulierte christliche Credo mit einer Vorbemerkung über die buddhistische Unterscheidung der »Zwei Formen der Kausalität«, die innergeschichtlichen Ursachen und das Zusammenwirken dieser Ursachen mit der höchsten Dimension. Ein Christ könnte mit dem großen Mystiker und Kirchenlehrer des Mittelalters Thomas von Aquin von jener Kausaliltät sprechen, wonach die Gnade die Natur voraussetzt. Oder an Martin Luther gedacht, dass der sündige Mensch nur durch die göttliche Gnade gerechtfertigt wird.

So fühlte ich mich an die berühmten Vorbemerkungen von Karl Rahner und vieler Autoren dogmatischer Lehrbücher erinnert. Bevor diese Theologen über den einigen und dreifaltigen Gott stundenlang redeten oder schrieben, erklärten sie alle, dass Gott unbegreiflich und unanschaulich ist. Dennoch verbinde religiöses Sprechen die irdischen Wirklichkeiten mit der Kraft göttlicher Gnade. Mit dieser Erinnerung bringe ich mein Glaubensbekenntnis, diesmal formuliert von einem Buddhisten, zur Kenntnis.

»Und der katholische Glaube ist dies: Dass wir einen Gott in der Dreifaltigkeit und die Dreifaltigkeit in der Einheit verehren.
Weder darf man die Personen verwechseln noch die Substanz teilen.
Denn es gibt eine Person des Vaters, eine des Sohnes und eine des Heiligen Geistes.
Aber die Gottheit des Vaters, des Sohnes und des Heiligen Geistes ist eines:
die Herrlichkeit gleich, die Majestät gleich ewig.
So wie der Vater, so ist der Sohn und so der Heilige Geist.

Der Vater ungeschaffen, der Sohn ungeschaffen und der Heilige Geist ungeschaffen.
Der Vater ewig, der Sohn ewig und der Heilige Geist ewig ...
Wie der Vater Gott ist, so ist der Sohn Gott und so der Heilige Geist.
Und doch sind sie nicht drei Götter, sondern ein Gott ...
Der Vater ist aus keinem gemacht: weder geschaffen, noch gezeugt.
Der Sohn ist nur aus dem Vater: nicht gemacht, nicht geschaffen, aber gezeugt.
Der Heilige Geist ist aus dem Vater und dem Sohn, weder gemacht noch geschaffen, noch gezeugt, aber von ihnen ausgehend.
Denn der rechte Glaube ist, dass wir glauben und bekennen: dass unser Herr Jesus Christus, der Sohn Gottes, Gott und Mensch ist: Gott aus der Substanz des Vaters, vor den Welten gezeugt, und Mensch aus der Substanz seiner Mutter und in der Welt geboren.
Vollkommener Gott und vollkommener Mensch: aus einer vernünftigen Seele und menschlichem Fleisch bestehend.
Gleich *dem Vater, sofern er seine Gottheit berührt,* und unter *dem Vater, sofern er sein Menschsein berührt.«*

Im Kurzkommentar dazu sagt der buddhistische Mönch: »Wenn man dieses Gebet hört, ist die Erkenntnis der Seinsverbundenheit, der Natur des Nicht-Selbst greifbar. *Dieselbe* Erkenntnis kann man aber auch erlangen, wenn man Erscheinungen betrachtet: eine Magnolie, ein Eichhörnchen oder eine Wolke.« Man fühlt sich bei diesem Kommentar an den Sonnengesang des Heiligen Franz von Assissi und an die Visionen der Hildegard von Bingen erinnert.

Ein dritter Fundort auf meiner Suche nach Antwort auf meine Glaubensfragen wurden die interreligiösen Begegnungen in der Kirche St. Lukas in Graz. Im Rahmen der Grazer Gruppe der Internationalen Katholischen Friedensbewegung *Pax Christi* habe ich diese Begegnungen organisiert und Buddhisten und Christen, Juden und Moslems eingeladen, miteinander über ihren Glauben und ihre religiöse Praxis zu reden, gemeinsam zu beten und zu meditieren. Verschiedene lokale und internationale Anlässe wie die *Zweite Europäische Ökumenische Versammlung 1997 in Graz*, die Wiedererrichtung der Grazer Synagoge, der Besuch des Dalai Lama und die muslimischen Flüchtlinge aus Bosnien und dem Kosovo infolge des Krieges in Ex-Jugoslawien legten ständige Begegnungen der

Menschen verschiedener Religionsbekenntnisse nahe. Ich dachte, das Christentum als Religion der Liebe kann nicht im Gegensatz zum Judentum, der Religion des Lebens, stehen und das Christentum bildet religiös gesehen auch keinen grundsätzlichen Gegensatz zum Islam als Religion des Friedens. Alle drei Religionen sind nach Ansicht des österreichischen Philosophen Friedrich Heer gleichsam drei Brüder und haben den guten Abraham zum Glaubensvater. Die abrahamischen Religionen haben einen gemeinsamen Friedensgruß und bekämpfen sich dennoch bis heute. Deshalb meinte Gotthold Ephraim Lessing mit der Ringparabel im Drama »Nathan der Weise«, Christen, Juden und Moslems sollten sich gottergeben in liebevollem Umgang miteinander um eine gute Lebenspraxis mühen. Warum sollte zudem der Buddhismus als Religion der Achtsamkeit nicht zu einem Leben in Liebe und Friede passen? Mit Thich Nhat Hanh meine ich natürlich: Ja, das passt zusammen. Allen, die gegenteiliger Meinung sind, sage ich in Abwandlung des Sprichwortes »Alle Wege führen nach Rom«: Alle Wege führen zu Gott, auch jener durchs Nirwana. Ich denke, ich bin damit, wie andere auch, auf dem richtigen Weg.

Einer der ersten Fragen bei den interreligiösen Begegnungen in St. Lukas war: Können Christen mit Juden, Moslems und Buddhisten überhaupt miteinander beten oder meditieren? Meine Gegenfrage: Wenn wir einander mit friedvollen Absichten begegnen und achtsam und liebevoll zusammenleben, warum nicht? Nach menschlichen Satzungen vielleicht nicht! Da gibt es jede Menge Gebote und Verbote, die den Weg zu Gott verhindern. Ein tiefer Glaube an Gott, bei dem alles möglich ist, kann aber die Berge der Vorurteile menschlicher Gedanken, bei denen vieles unmöglich ist, versetzen, belehrt Jesus seine Jünger.

Psalmen gemeinsam zu beten ist Juden und Christen zweifellos möglich. Sie gehören zur Gebetspraxis beider Religionsgemeinschaften. Koranrezitationen zu lauschen, die von der Größe und Schönheit Gottes erzählen, und mit dem Propheten Mohammed die Größe und Erhabenheit Gottes zu entdecken ist wie dem Heiligen Franz von Assissi auch allen Christen möglich. Bekanntlich war Franz von Assissi vom Gebetsruf des Muezzins und dem Gebet der Moslems sehr beeindruckt. Auch buddhistische Atemübungen zum Erlernen der Achtsamkeit sind weder Juden noch Christen noch Moslems verboten. Sie lehren die Achtung vor dem Leben, die Großzügigkeit, sexuelle Verantwortung, aufmerksames Zuhören und einfühlsames Reden sowie achtsamen und maßvollen Umgang mit den Konsumgütern. Alles in allem sind diese letztgenannten buddhistischen Empfehlungen keine Widersprüche zur Glaubens- und Sittenlehre aller Kirchen. In den interreligiösen Begegnungen entdecke ich also meinen christlichen Glauben neu, vertiefe ihn und lerne ihn für die gegenwärtige Welt neu buchstabieren. Ich verstehe den Religionspädagogen Hubertus Halbfass besser, der meinte, christliche Mission habe den Sinn, dass der Atheist ein besserer Atheist, der Buddhist ein besserer Buddhist, der Moslem ein besserer Moslem, der Jude ein besserer Jude und schließlich der Christ ein besserer Christ wird. Ich verstehe durch die interreligiösen Begegnungen auch den Völkerapostel Paulus sowohl in seiner Rede vom unbekannten Gott und seinem Wort, dass er sich nur im Namen des Kreuzes Jesus Christi seiner Schwächen rühmen will.

HANS-ANTON EDERER, GRAZ

Das innere Licht soll leuchten

Ich glaube an einen Gott, der sich in zwischenmenschlichen Beziehungen, in überwindender Liebe und Hingabe an Mitmenschen zeigt.

Ich glaube an Jesus, der erfüllt war von dieser Liebe und Hingabe und uns durch diese Liebe, sein Leben und seine Lehre gezeigt hat, wie Menschen miteinander leben könnten, um Frieden und Gerechtigkeit in der Welt wahrzumachen.

Ich glaube an das »von Gott!«, das »innere Licht« in jedem Menschen, gleich welcher Hautfarbe, Volkszugehörigkeit oder Religion, das verschüttet sein, aber durch Liebe wieder zum Leuchten gebracht werden kann.

ELEONORE KAUFMANN, MARBURG

Liebesgrund

Ich glaube an Gott, der die Liebe ist und der Grund allen Daseins.
Ich glaube an Jesus aus Nazareth, in dem die Liebe Mensch wurde.
Ich glaube an den Heiligen Geist, durch den die Liebe in allen Menschen und allgegenwärtig ist.
Amen.

RAINER RODENWALD, BLECKEDE

Wundervolles Ja

Es ist wundervoll Ja zu sagen.
Ja zum Glauben an Gott.

Wenn ihr mich fragen würdet: Gott begegnen – wie ist das möglich?
würde ich sagen: Mit einem offenem Herzen.
Ganz gewiss hat jeder Mensch eine Sehnsucht in sich –
letztlich die Frage nach dem Sinn.
Sich dieser Sehnsucht bewusst zu werden, sie nicht zu verdrängen,
sondern ihr nachzuspüren und Raum zu geben zum Wachsen –
so habe ich den Weg zu Gott gefunden,
so war es mir möglich ihm zu begegnen.
Gott selbst ist ganz gewiss auf der Suche nach den Herzen der Menschen –
es liegt an dir Ihn hineinzulassen.

Wenn ihr mich fragen würdet: Wo kann ich Gott begegnen?
würde ich sagen: In den Menschen, die Er dir zur Seite stellt,
in einer Geste, einem Wort oder einer anderen Form,
in der sie zu dir sprechen.
In den Tieren und Pflanzen – im Gesang eines Vogels kannst du Gott hören,
in dem Duft einer Blüte riechst du Ihn,
in der Umarmung eines Baumes kannst du Ihn spüren.
Gott lebt im Gras, dessen Grün Jahr für Jahr aus der Erde sprießt,
in Sonne, Wind und Wolken und im Wasser,
welches allen Geschöpfen das Leben schenkt.

Wenn ihr mich fragen würdet: Wann kann ich Gott begegnen?
würde ich sagen: Jederzeit! – Mit einem offenen Herzen für Seine Liebe und wachen Sinnen für Seine Schöpfung, die Ausdruck dieser Liebe ist.

Ja – zum Glauben an Gott.
Ja – zum Leben mit Gott, zum Leben im Geiste Jesu.
Das heißt für mich: ein Leben in Liebe und Wahrheit zu führen, in Harmonie und Kraft. »Harmonie und Kraft sind nur in unserem Leben, wenn das Äußere ist wie das Innere.« (Albert Schweitzer)

Ja – ich glaube daran, dass es möglich ist, dieses Leben!
Und wenn es mir nicht gelingt an 7 Tagen, so will ich es wieder versuchen am 8. und am 9. Tag und an allen folgenden Tagen – immer wieder!

Ich danke Gott für das Geschenk des Glaubens.

Glaubensbekenntnis am Tag meiner Taufe (9. Januar 2000)

KATRIN FRIEDRICH, ERFURT

Ich glaube realistisch

Ich glaube an das Leben.
Ich glaube an die Liebe.
Ich glaube an das Gute im Menschen,
Ich glaube an das Glück.
Ich glaube an die Zukunft.
Ich glaube an die Freundschaft.
Ich glaube, dass man sein Leben nur selbst in die Hand nehmen kann.
Ich glaube an meinen Glauben.
Ich glaube nicht an das Übersinnliche, denn das kann ich nicht sehen.
Ich glaube realistisch.

CHRISTIANE JANSEN,
KATH. RELIGIONSKURS 11. KLASSE, KURT-SCHUMACHER-SCHULE, KARBEN

Lebenssinn

Ich glaube,
- dass es noch ein Wesen über mir und um mich gibt. Unsere Sprachen haben viele Namen dafür;
- dass dieses Wesen mir wohlgesinnt ist und mir meine Unvollkommenheiten vergibt;
- dass Leben in all seinen Formen, vom Mikroorganismus bis zum Menschen, etwas Wertvolles, sehr Seltenes im uns bekannten Universum, etwas Schützenswertes ist;
- dass ich da bin, um Leben weiter zu geben, oder zumindest um die Weitergabe des Lebens zu fördern.

KARL RÜEGG, ZÜRICH

Woran ich glaube

Ich glaube nur in manchen Situationen an Gott.
Ich glaube, dass er immer da ist,
aber manchmal fühle ich mich von ihm verlassen.

Ich glaube an Jesus.
Ich glaube an sein Leben, seine Herkunft, dass er Gottes Sohn ist.
Ich glaube an die Wirklichkeit und die Zukunft.
Ich glaube an meine Familie, an meine Freunde und auch an meine Feinde.
Ich glaube an meine Träume und möchte sie gerne verwirklichen.
Ich glaube, jeder braucht Träume um wirklich leben zu können.
Ich glaube, es ist manchmal gut, allein zu sein.
Ich glaube wiederum, dass die Freunde wichtig sind.
Sie können einen trösten und zum Lachen bringen.
Ich glaube an mich und meine Stärken und Schwächen.
Ich gestehe sie mir auch ein.
Ich glaube, jeder hat Schwächen und Stärken,
doch manche gestehen sie sich nicht ein.

Ich glaube, dass jeder an etwas glauben muss, denn wer nicht glaubt,
hat keine Hoffnung, und wer nicht hoffen kann,
der bleibt allein und geht ein wie eine Blume, allein auf der ganzen Welt.

MARIA TREICHEL, 14 JAHRE, MÜLHEIM/RUHR

Tanzender Gott

Gott ist das Ja zu mir, zum Leben, zur Welt.
Sein Ja ist die Liebe. Ich glaube Gott.
Jesus hat Gottes Ja verkörpert und verwirklicht
in der Nächstenliebe. Ich glaube Jesus.
Gott ist Geist, lebenschaffend, lebenserhaltend
und lebenserneuernd. Gottes Geist stiftet Gemeinschaft.
Ich bitte um seinen Geist.

Viele sogenannte Glaubensbekenntnisse mögen eine poetische Sprache haben, poetische Texte aber können nicht dogmatisch sein, Dogma und Poesie sind ein Widerspruch in sich. Daher von mir auch einen poetischen Beitrag:

Ein tanzender gott
käme mir recht

und tanzte er auch
auf weinenden füßen

und setzte sich hungrig
dann an meinen tisch

und teilte mit mir
das hungrige schweigen

und wir brauchten nicht mehr
zu beten

nicht mehr zu bitten
um einen leichten traum

HELMUT SCHMALE, FRECHEN

Liebe begreift Gott

Ich glaube, dass es Liebe gibt.
Denn nur so kann ich die Schöpferkraft und Allmacht Gottes
täglich neu begreifen.
Ich glaube, dass es Liebe gibt.
Denn nur so wird mir Jesus Christus verständlich:
Er heilt unsere Krankheiten.
Er tröstet uns in der Not.
Er lässt sein Leben für uns.
Er vergibt uns unsere Schuld.
Er befreit uns zu wahrer Menschlichkeit.
Er stellt uns vor Gott.
Er verheißt uns das Ewige Leben.
Ich glaube, dass es Liebe gibt.
Denn nur so kann ich mir das Wirken des Heiligen Geistes vorstellen:
Er verbindet uns in einer Gemeinschaft.
Er will uns Mut machen zum Bekenntnis.
Er fordert uns auf zu Nächstenliebe.
Er will uns helfen, die Wahrheit zu finden. Amen

EINGESANDT VON J. FISCHER, LEIPZIG

»Dieses Gebet hat vor rund 30 Jahren ein befreundeter Theologiestudent, Helmut Scholz, verfasst. Er ist inzwischen verstorben. Wir hatten dieses Credo in unsere Trauungsfeier eingebracht und finden es auch heute noch sehr treffend und zeitgemäß. Vielleicht geht es auch anderen so.«

Ich vertraue

Mein »Credo« beginnt nicht bei »Gott«, sondern fragt sich zu ihm durch, denn:

– Ich hoffe unentwegt auf eine geschwisterliche Welt,
in der wir Gerechtigkeit üben, Frieden gestalten und die Schöpfung bewahren. Ich will hoffen, dass diese Welt eine Zukunft ohne Ende hat, geborgen in einer Liebe ohne Maß.

– Ich will leben in einer Gemeinschaft,
die in Offenheit, Freiheit und Verlässlichkeit den guten Weg für Gottes Schöpfung mit allen ehrlich sucht. Dass dies die Römisch-Katholische Kirche sei, nahm ich fraglos an. Doch über Fragen, die sich mir immer mehr stellten, kam ich zur Gewissheit:
Nur wenn diese Kirche in ihrem Regiment um-denkt (meta-noei), nur wenn sie sich von sich selbst bekehrt, indem sie nicht weiter als »Herrin unseres Glaubens« (vgl. 2 Kor 1,24) agiert, kann sie eine geschwisterliche und zugleich offene Gemeinschaft sein. Nur so wird sie auch den Blick freigeben können auf die Urgestalt dessen, auf den sie sich beruft, auf Jesus von Nazareth.

– Ich möchte der Urgestalt Jesu und seiner Botschaft folgen.
Der »*vor*kirchliche« Jesus (Jeschua ben Miriam) ist in der Bibel ausfindig zu machen. Seinem Lebenszeugnis gilt es zu folgen, statt ihn selbst kirchlich-christologisch zu glorifizieren. Ich will ihn nicht »Gott« nennen, sondern von ihm als Mitmenschen erfahren, wie Gott ist, wie Gott zu uns ist.

So wird aus meinem »Credo – Ich glaube« ein »Confido – Ich vertraue«.

Durch diesen wirklichen Jesus und durch mein eigenes Horchen in mein Leben hinein erfahre ich, wie Gott vor allem dies ist: anders!
Religions-Lehrer
mahnen uns, gottes-fürchtig zu sein, nicht böse, damit er uns nicht strafe, sondern gut, damit er uns belohne.
Jesus dagegen
bezeugt Gott als mütterlichen Vater. Der straft nicht, und deshalb belohnt er auch nicht, er liebt einfach *gratis*. – Die Beziehung zu ihm »rechnet sich« nicht!
Dieser Abba führt nicht unsere Kriege, er erledigt nicht unsere Angelegenheiten, er hält nicht als Schutzgott die Hand über die Seinen. Seine Hand ist ausgebreitet unter uns, wenn wir fallen.

Vater, Mutter, in Deine Hand kann ich fallen, will ich mich fallen lassen.
Ich traue Dir!

KLAUS WINKELMANN, WANNE-EICKEL

Kritisches Credo

Ich glaube an Gott, den mütterlichen und gnädigen Vater, als den persönlichen Urgrund alles dessen, was ist und uns wertvoll erscheint. Es ist der Quell aller Gnade und guten Vorsehung.

Ich glaube, dass Gott sich in der ganzen Geschichte des Menschengeschlechtes – und indirekt in der ganzen Weltgeschichte – uns Menschen offenbart hat, besonders aber im Volke Israel – und in unüberbietbarer Weise in der Menschheit des Dieners Gottes Jesus von Nazareth. Die christliche Aussage, dass Jesus Gottes eingeborener Sohn ist, drückt aus, dass Gott uns in keiner anderen Gestalt näher kommen kann, als er uns in Jesus Christus erschienen ist. Seit Jesus kann Gott jetzt voll ernst genommen werden, da er unsere Existenzweise bis zum bittersten Tode selbst geteilt hat. In Jesus ist Gott einer von uns geworden, nur in unfassbar vollendeter Form. In ihm hat Gott sich menschlicher erwiesen, als wir es alle sind. Er ist die Offenbarung der Menschenfreundlichkeit Gottes.

Ich glaube, dass die Selbstoffenbarung Gottes in der Gesamtgeschichte und in letztgültiger Form in Jesus Christus nur erkannt und angenommen werden kann auf Grund des inneren Zeugnisses des Heiligen Geistes in unserem Gewissen als dem von Einzelpersonen im Gefüge dieser oder jener sozialen Gruppierung. In der Gemeinschaft ist der Heilige Geist so weit wirksam, als es ihren Gliedern gelingt sich in christlicher Liebe und Freundlichkeit als Brüder und Schwestern aufeinander einzustellen, im Konsensus ohne Zwang der Macht.

Die Kirche ist die Gemeinschaft der vom Glauben Erleuchteten, die in Jesus Christus den einzigartigen Finger Gottes in der Geschichte erblicken. Wie die christlichen Gläubigen die einmalige Stellung Christi im Verhältnis zum himmlischen Vater und zum Heiligen Geist sowie auch zu uns allen ausdrücken, ist eine zweitrangige Frage theologischer Interpretation in verschiedenen Zeitepochen. Wichtiger als die begrifflichen Modelle zum Verständnis der Sonderstellung Jesu Christi ist die Tatsache und die Entschlossenheit, dass wir seine Jünger sein wollen und demgemäß im Sinne und in Nachahmung seiner Lebensweise und Botschaft handeln und die Welt um uns herum unter den Anruf der Gottesherrschaft stellen.

Aus dem Neuen Testament können wir in keiner Weise ersehen, dass Jesus Anstalten traf, eine bestimmte Form von Kirchenorganisation festzulegen. Er gründete lediglich die neue Gemeinde, das neue Gottesvolk, das neue Israel, in dem Petrus und einige andere der Zwölf eine nicht ganz klar ersichtliche Vorrangstellung einnahmen ...

F. GÜNTHER GESSINGER, PARIS

Dieses Glaubensbekenntnis wurde vor über 30 Jahren geschrieben. Anlass war das damalige traditionalistische Glaubensbekenntnis des Papstes Paul VI. und die Krise im Zusammenhang mit der Enzyklika über das Thema »Geburtenkontrolle«.

Gelingen und Scheitern

Ich glaube daran, dass mein Tun vorläufig ist und wandelbar,
dass ich Suchende bin unter Suchenden unterwegs.
Ich glaube an die Gemeinschaft derer die hoffen,
die sich einsetzen, die ihr Ziel erreichen oder scheitern,
die von neuem beginnen oder kapitulieren.
Ich glaube an Macht und Ohnmacht,
vor allem aber an die Macht der Unterscheidung.
Ich glaube an die Freiheit,
weil sie der Schöpfung zugesagt ist ohne Zynismus.
Ich glaube daran, dass das Maß des Lebens nicht in unseren Händen liegt.
Ich glaube an die Sehnsucht: sie führt zu Wahrheit und Irrtum.
Ich glaube an Gott,
der Liebe ist, Wahrheit, Weg und Ziel,
Macht und Ohnmacht, Gelingen und Scheitern,
Sehnsucht und Freiheit.

ELISABETH EICHER, SIEGEN

Lebendige Offenbarung zu jeder Zeit

Ich glaube an die Existenz einer höheren, geistigen Macht, der alles Leben entspringt und zu der alles Leben zurückkehrt.

Ich glaube daran, dass sich diese Macht jederzeit und überall offenbaren kann: in Begegnungen mit Menschen, in Natur, Kunst und Wissenschaft, in Liebe und Freude, Leid und Tod.

Ich glaube an die gottgegebene Freiheit des Menschen, an seine Verantwortung gegenüber der Schöpfung und an seine damit untrennbar verbundene Verpflichtung, auf dieser Erde Frieden und Gerechtigkeit für alle zu schaffen.

REGINE NAHRWOLD, BRAUNSCHWEIG

Mensch gewordener Wille Gottes

Ich glaube an Gott, den Schöpfer alles Gewordenen, dessen Eigenschaften vom Menschen nicht fassbar sind, aber wohl von »Vater« bis »Mutter«, von »Mitleidenden« bis »Allmächtigen« reichen.

Ich glaube an Jesus Christus, der Mensch gewordene Wille Gottes, und doch ganz Mensch. Er durchlitt unsere Welt bis zum bitteren Ende. Doch er blieb nicht tot. Er wurde erfahrbar für viele und lebt weiter in denen, die versuchen, ihm nachzufolgen. Er erwartet uns am Ende unseres Lebens, am Ende der Welt.

Ich glaube, dass der Heilige Geist uns einen nichtrationalen Zugang zu Gott ermöglicht und dass er das Band ist, welches die Glaubenden zu seiner Kirche zusammenfügt.

Ich glaube, dass die eine heilige Kirche die Gemeinschaft der wahrhaft Glaubenden aus allen Konfessionen und außerhalb der verfassten Kirche ist.

Ich glaube, dass jeder Mensch sich am Ende für sein Leben zu verantworten hat.

Ich glaube, dass wir trotz unserer Fehler und Schuld aufatmen und neu beginnen dürfen, wenn wir unsere Schuld erkennen, sie bereuen und uns ernsthaft um Besserung bemühen.

Ich glaube, dass mit dem Tod nicht alles zu Ende ist und uns ein herrliches Reich erwartet.

DIETRICH SCHILDBACH, BAD GOTTLEUBA

Alternatives Glaubensbekenntnis

Ich glaube, es gibt etwas Höheres als den Menschen,
etwas, was Erde und Weltall hat entstehen lassen.

Und ich glaube an die Ideale von Jesus, dem großen Propheten,
der ein Mensch war wie du und ich,
geboren von einer Frau namens Maria,
verurteilt von Pontius Pilatus,
gekreuzigt und begraben,
verlassen von seinen Anhängern,
nach Tagen den Jüngerinnen erschienen,
fortgegangen seine Seele,
keiner weiß wohin.
Doch seine Worte werden immer bei uns sein.

Ich glaube an die Kraft des Übersinnlichen,
den Zusammenschluss von »Jesuanern«,
die Vorbildlichkeit von Heiligen,
Wiedergutmachung von Vergehen,
das »Wandern« der Seelen
und ein Weiterleben in den Herzen der Nachkommen.

MANFRED SCHUHR, BURGDORF

JAHWE

All-über-All
Innen wie Außen,
Heilig sei der Klang Deines Namens,
Dein Wesen durchdringe uns,
Dein Gesetz erfülle sich in Himmel und Erde,
Schenke uns, was wir heute brauchen,
In Deiner Gnade lass uns unsere Schuld
Erkennen, benennen, bereuen und annehmen.
Hilf uns, das Versagen der anderen zu sehen
Und zu verzeihen.
Lass uns wachsen und reifen an der Versuchung,
löse und verwandle das Böse in uns.
Denn Dein ist
die Schöpferkraft,
die Liebe
und das Erbarmen,
ohne Anfang und Ende.
Amen

HANNELORE HECKNER, KOBLENZ

Das Geschenk des Lebens

Ich glaube an Gott, der mir dieses Leben schenkte,

damit ich gut damit umgehe und es nicht vergeude,
damit ich meine Talente nicht vergrabe, sondern damit wuchere,
damit ich Wichtiges vom Unwichtigen unterscheide und Prioritäten setze,
damit ich nicht an Geld und Gut klebe, sondern teile – das Brot breche,
damit ich, wenn Sorgen und Schwierigkeiten mich zu erdrücken drohen, doch noch ein Lichtlein erkennen kann,
damit ich, wenn durch Leid und Schmerz der Lebenssinn zu erlöschen droht, mich doch in Gottes Händen weiß,

damit ich mich immer in Gott geborgen fühle, da seine Liebe alle Menschen durchdringt,
damit alle Menschen erkennen: Wenn wir Jesu Botschaft befolgen, werden wir alle in Gottes Licht-Händen geborgen.

BERTA KALS, AACHEN

Die Erlaubnis

Ich glaube
an Gott, den Urquell allen Seins,
die treibende Kraft der Evolution,
den Impuls in allem schöpferisch Neuen;

und an Jesus Christus,
den Rabbi und Bruder aus Nazareth,
den Anstifter einer weltweiten Hoffnungsbewegung,
der uns verspricht, dass Gottes Kraft im Kommen ist,
der uns ermutigt, Gott mit »Vater« anzureden,
der uns befreit zu bedingungslosem Lieben,
der so vollkommen wahrer Mensch war,
dass er Gottes erster Sohn genannt wird;

an den Heiligen Geist,
der ohne Gestalt, Geschlecht und Namen ist,
der atmet und weht, wo er will, und das heißt überall,
der immer wieder und in allen Kulturen Menschen
inspirierte zu Taten der Liebe, der Befreiung und der Heilung;
der Menschen, Tiere, Pflanzen und alle anderen Seinsformen
beseelt und verbindet, verwandelt und erweckt,
bis alle und alles zu Kindern Gottes geworden sein werden;
und der uns erlaubt, mit solch dürftigen Worten
vom unsagbaren Geheimnis zu sprechen
– und dabei still zu werden: (Schweigen)

So glaube ich, Herr, hilf meinem Unglauben! Amen

GERHARD BREIDENSTEIN, MURRHARDT

Mein Haus ist nicht leer

Ich glaube an einen Gott der Lebenden, nicht der Toten.
Ich gebe mich dem Gott hin, den ich erfahren habe.
Ich glaube an den Gott, der da ist und da sein wird: als wäre jemand im anderen Zimmer, auch wenn ich ihn nicht sehe. Mein Haus ist nicht leer.
Ich vertraue dem Gott, der Barmherzigkeit will, nicht Opfer.
Ich vertraue dem Gott, der seine Feinde liebt.
Ich glaube an den Gott, der mich lenkt, der mich leitet, der mir begegnet.
Ich glaube an das Leben und dass es gut ist.
Ich glaube, dass Gott das Leben ist.
Ich glaube an Brot und Liebe.

Ich glaube nicht an den Sonnengott zur Mittagsstunde.
Ich glaube nicht an den Wassergott, wenn Durst da ist.
Ich glaube nicht an den Gott der Fruchtbarkeit, wenn der Apfel reif am Baum hängt.
An meinen Gott darf ich immer glauben.

Ich glaube nicht, dass es Gott gibt. Ich glaube, so wie ich an eine Fußballmannschaft glaube: dass sie gewinnt nämlich, nicht dass sie existiert.

SEBASTIAN THOMANN, BURGLENGENFELD

Für unser Leben und Sterben

Ich glaube an die Kraft Gottes,
die kein Bild und keinen Namen hat,
uns aber so viele verschiedene Bilder und Namen schenkt,
um sie zu beschreiben.

Ich glaube an die Kraft Gottes für unser Leben und Sterben,
Lachen und Weinen, Denken und Fühlen,
Lieben und Hassen, Sprechen und Schweigen,
Streiten und Versöhnen, Zerstören und Heilen.

Ich glaube an die Kraft Gottes,
die kein Bild und keinen Namen hat,
uns aber so viele verschiedene Bilder und Namen schenkt,
um sie zu verstehen.

Ich glaube an die Kraft Gottes in mir,
der ich Bilder und Namen gebe
und der Du Bilder und Namen gibst,
wo immer Du auch lebst auf dieser Welt.

Amen

JOHANNA RENATE WÖHLKE, HAMBURG

Geheimnisvolle Freundschaft

Ich glaube an einen Freund.

Der uns liebt
und seinen Sohn sandte,
um uns Mut zu machen,
es zu wagen,
uns auf eine geheimnisvolle Freundschaft
einzulassen.

Der mich liebt,
und Wege findet,
mir seine Meinung mitzuteilen,
wenn ich es zulasse.

Ich habe einen besonderen Freund.

TERESA ROSENTHAL, SCHÜLERIN AUS KÖLN

Meine Stärke ist Gott

Ich glaube an Gott, der mir Kraft, Hoffnung und Stärke gibt.
Da ich auch an meine Stärke glaube, glaube ich auch mit an Gott.

Ich glaube auch, dass Jesus die Vermenschlichung von Gott ist,
dadurch fühle ich mich auch mehr angesprochen.
Ich glaube an die Liebe.
Ich glaube an meine Freunde.
Ich glaube auch, dass man Träume braucht, um Mensch zu werden.
Ich glaube an die Zukunft.
Ich glaube, dass Gott mir hilft (allerdings muss ich die Voraussetzungen dafür schaffen) und mich beschützt.
Ich meine, jeder Mensch muss an etwas glauben (egal was es ist).
Ohne Glauben ist das Leben nicht das Leben.

CHRISTINA REETZ, 14 JAHRE, MÜLHEIM/RUHR

Gottes verschlossene Augen

Ich glaube,
dass, wenn es einen Gott gibt,
er mit verschlossenen Augen
auf die Welt blickt.

Ich glaube,
dass jeder sein Schicksal selbst bestimmt,
es aber Dinge gibt, auf die
man keinen Einfluss hat.

Ich glaube,
dass es nur Freundschaft und
Liebe geben kann,
wenn man daran arbeitet.

SABINE HALFMANN, KAPPEL (SCHÜLERIN IN SIMMERN)

Das meine ich

Jesus bürstet mich immer wieder gegen den Strich meiner Sozialisation (= alles, was ich in dieser Gesellschaft lernte und lerne). Er provoziert mich von Fall zu Fall, Wirklichkeit anders wahrzunehmen, mit Wirklichkeit anders umzugehen. Er provoziert mich von Situation zu Situation, nicht in einer fiktiven autonomen Welt zu leben, sondern in Gottes Schöpfung, das heißt in Gottes Reich.

Er provoziert mich, Gott mein Leben in dieser Schöpfung zuzutrauen, auch wenn vieles dagegen spricht. Er ermutigt mich, nicht gegen die Wirklichkeit zu leben, sondern mit der Wirklichkeit zu leben – und so mit Gott versöhnt zu leben. Er macht mich zum Umschüler auf Lebenszeit. Besseres kann mir nicht widerfahren.

Der Tod Jesu ist nicht zu erklären mit meiner Sünde. Die Liebe Gottes zu meinem Leben wird nicht erklärt durch seinen Tod. Dass Gott mein Leben liebt, kann ich nicht erklären und begründen. Aber ich kann ihm seine Liebe glauben, wie Jesus ihm seine Liebe glaubte, sogar am Kreuz.

An Jesus halte ich mich, wenn ich es schwer habe, an Gottes Liebe zu glauben: angesichts der gequälten Kreaturen. Jesus sah Gott auch in seinen Feinden wirken.

Der Gekreuzigte ruft mich, Glauben zu riskieren gegen den Augenschein. Und er ruft mich, für das Leben zu danken, wenn das Leben beglückt: das Leben, das nicht zu verdienen und nicht zu kaufen ist.

Es genügt nicht, Christ zu sein in der Kirche. Wer Christ ist, ist es in der Kommunikationsgesellschaft. Andernfalls ist sein Christsein nicht relevant und die Verkündigung des Evangeliums verpufft.
Der Heilige Geist ist der Stallgeruch Jesu in einer globalisierten Welt.

Das meine ich, wenn ich sage: Ich bin Christ.

KARL HEINZ BACKOFEN, SOEST

Ursprung, Ziel und Augenblick

Ich weiß mich in Gott.
Er ist Ursprung, Ziel und Augenblick meines Lebens.

Und ich gehe den Weg mit Jesus.
Er ist für mich der maßgebende Mensch.

Seine Liebe ist unendlich,
meisterlich sein Stehvermögen,
ansteckend seine Lebendigkeit.

Ich lebe aus der Energie heiligen Geistes.
Sie schafft mir Präsenz
und lässt mich auf die anderen achten.

KARLHEINZ BARTEL, STUTTGART

Durch Menschen wirksam

Ich glaube, dass Himmel und Erde nicht Produkte des Zufalls sind, sondern das gewollte Werk der ordnenden Macht, die in der Bibel Gott genannt wird.

Ich gaube, dass die Erschaffung der Menschheit noch nicht abgeschlossen ist, sondern ständig als Geschichte abläuft, wobei Gottes Wirken immer dort zu erkennen ist, wo inmitten von Unordnung, Zerfall und Untergang Ordnung, Zuversicht und Leben entstehen.

Ich glaube, dass Gott nicht beweisbar durch viele Menschen hindurch wirksam wird und dass Jesus als einer dieser Menschen eine besondere Mission hatte.

Ich glaube, dass Jesus den Menschen umfassend und richtig vermittelt hat, wie sie leben sollen, damit die Menschheit an das von Gott vorgesehene Ziel gelangt.

Ich glaube, dass Gott jedem suchenden Menschen in allen Lebenssituationen über Verstand und Gewissen seinen Weg zeigt.

Ich glaube, dass der Mensch nur kurzfristig Gottes Willen negieren und beliebigen eigenen Wünschen nachgehen kann und dass der Mensch Gott gegenüber für sein Tun und Lassen verantwortlich ist.

Ich glaube, dass Gott die einsichtige Umkehr höher bewertet als eine sündhafte Vorgeschichte.

Ich glaube, dass das Bemühen um ein Leben in Einklang mit Gott jener entscheidende Geist ist, der die Welt etwas heiler macht und der die Menschen über alles Trennende hinweg zusammenführen soll.

Ich glaube, dass der Mensch auch über seinen Tod hinaus bei Gott aufgehoben und geborgen ist.

HELMER SCHINOWSKY, GROSSBEEREN

Jeder Mensch glaubt

Der eine glaubt nur an
das was er sieht,
an die Macht des Geldes,
an sich selbst und seine eigene
Kraft, an das Schicksal.

Der andere glaubt
an die glückliche Familie,
an die wahre Liebe,
an das Gute im Menschen,
an die Gerechtigkeit und ein Leben
nach dem Tod.

Doch nur ich kann bestimmen, was
ich glaube oder nicht!

DIANA TISCHER, LAUFERSWEILER; MANUELA MOLZ, KIRCHBERG;
ALEXANDER TERNIS, GEMÜNDEN; ANDREAS ALMENDINGER, KASTELLAUN;
ROLAND SCHAUSTEN, EDIGER-ELLER (SCHÜLERINNEN UND SCHÜLER IN SIMMERN)

In neuer Glaubenssprache sprechen

Martin Dolde, Präsident des Deutschen Evangelischen Kirchentags, spricht sich für eine Neubewertung des traditionellen kirchlichen Glaubensbekenntnisses aus. Ihm geht es um verständlichere Formulierungen der christlichen Glaubensbasis. Für ihn ist dafür das Credo der Vereinigten Kirche Kanadas ein gutes Beispiel. Die sieben mystischen Stolpersteine des antiken Credos gilt es in eine Glaubenssprache von heute zu übersetzen.

Dem Bekenntnis muss die Kenntnis vorausgehen

Ich nehme das in den ersten Jahrhunderten entstandene Apostolische Glaubensbekenntnis als Zusammenfassung des Glaubens der frühen Christen gerne an. Diese Aneinanderreihung von Aussagen und Bildern sagt viel über frühere Traditionen und Glaubenshaltungen aus. Doch Sätze wie die über die Jungfrauengeburt nachzusprechen fällt den Menschen heute immer schwerer. Deshalb plädiere ich dafür, die wichtigsten Glaubenssätze in einer klaren, knappen Sprache wiederzugeben.

Als Einstieg in ein Gespräch darüber will ich sieben Sätze formulieren:

1. Gott hat die Welt geschaffen und erhält sie heute noch.
2. Er liebt die Menschen und erbarmt sich über sie.
3. Jesus hat uns mit seinem Leben und Tod den Zugang zu Gott geöffnet.
4. Unser Leben ist mit dem Tod nicht zu Ende.
5. Gottes Geist zeigt uns neue Wege. Er gibt Mut und Kraft.
6. Christen kümmern sich um ihre Nächsten und verteidigen das Recht.
7. Sie wollen offen, ehrlich und glaubwürdig miteinander leben.

Es dreht sich also nicht darum, eine alte Tradition leichtfertig aufzugeben, sondern den »Glauben der Väter« wieder verständlich zu machen.

Ohne Zweifel ist es ein wertvolles Gut – und eine unverzichtbare Grundlage der ökumenischen Gemeinschaft unter den christlichen Kirchen –, dass sich die Christenheit vor vielen Jahrhunderten auf Aussagen geeinigt hat, mit denen sie ihren Glauben beschreiben konnte.

Das Problem sitzt tiefer, es geht nicht um eine bloße Änderung. Die Verbindung zwischen Kirche und Gemeindegliedern war früher weitaus enger als heute. Der einst verpflichtende Kirchgang oder die kirchliche Schule sind Beispiele dafür. Heute gibt es solche Verbindlichkeit nicht mehr. Die Christen sind mündiger geworden. Auch hellhöriger. Wer mit dem Gottesdienst oder der Predigt nicht zufrieden ist, wechselt die Kirche oder bleibt einfach zu Hause. Hier ist mit Appellen nichts auszurichten. Ist das nicht gut so? Soll die Kirche vom Kräftespiel zwischen Angebot und Nachfrage oder dem Verlangen nach guter Leistung verschont bleiben?

Es ist heute kein Argument mehr, Worte für richtig zu erklären, nur weil sie über tausend Jahre alt sind. Da wird oftmals beklagt, dass die Christen »sprachlos« geworden seien und ihren Glauben nicht mehr weitergeben könnten. Liegt der Grund nicht darin, dass die meisten Christen ihren Glauben in seinem Aussagegehalt gar nicht mehr »kennen«? Was verbirgt sich denn hinter dem Evangelium? Wie lautet die frohe Botschaft? Was haben wir denn zu bekennen? Wer kann heute noch Sätze wie »Geboren von der Jungfrau Maria« mit Überzeugung sprechen? Die Theologie ist eine ehrenwerte und wichtige Wissenschaft. Es besteht aber die große Gefahr, dass vor lauter wissenschaftlicher Betrachtung die verständliche, ins Leben umsetzbare Botschaft auf der Strecke bleibt. Fromm klingende Sätze beeindrucken nur wenige.

Wenn wir den Glauben kennen, dann können wir ihn auch bekennen. Dass dies mit verständlichen Worten und Bildern geschehen muss, ist eine Grundforderung. Lassen wir das Apostolicum als Zeugnis der frühen Kirche unverändert stehen, formulieren wir aber neu, wie heute unser christlicher Glaube aussieht.

MARTIN DOLDE, STUTTGART

Credo der »United Church of Canada«

We are not alone, we live in God's world.	Wir sind nicht allein, wir wohnen in Gottes Welt.
We believe in God: who has created and is creating, who has come in Jesus, the Word made flesh, to reconcile and make new, who works in us and others by the Spirit.	Wir glauben an Gott, der geschaffen hat und schaffen wird, der in Jesus gekommen ist, das Wort als Fleisch, um zu versöhnen und erneuern, der in uns und anderen durch den Geist arbeitet.
We trust in God.	Wir vertrauen auf Gott.
We are called to be the Church: to celebrate God's presence, to live with respect in Creation, to love and serve others, to seek justice and resist evil,	Wir werden gerufen, die Kirche zu sein: um die Anwesenheit Gottes zu feiern, um in Achtung der Schöpfung zu leben, andere zu lieben und ihnen zu dienen, Gerechtigkeit zu suchen und Bösem zu widerstehen,
to proclaim Jesus, crucified and risen,	Jesus, der gekreuzigt wurde und auferstanden ist, zu verkündigen,
our judge and our hope..	unsere Richter und unsere Hoffnung.
In life, in death, in life beyond death, God is with us. We are not alone.	Im Leben, im Tod, im Leben nach dem Tod ist Gott mit uns. Wir sind nicht allein.
Thanks be to God.	Dank sei Gott.

Die sieben Stolpersteine im Credo

In dem uralten Credo, im Apostolischen Glaubensbekenntnis, fanden sämtliche christlichen Glaubensgemeinschaften ihren Glauben adäquat zusammengefasst. Das Apostolicum war während mehr als anderthalb Jahrtausenden für die gesamte Christenheit das passende Credo. In weiten Teilen der Welt – so etwa bei den Orthodoxen im Osten, in vielen christlichen Kirchen der Dritten Welt sowie bei den Konservativen und den Fundamentalisten hierzulande – ist dies heute noch der Fall. Doch in Europa bekunden seit der Zeit der Aufklärung – also seit rund zweieinhalb Jahrhunderten – gebildete Menschen mit den Formulierungen dieses Bekenntnisses zunehmend Mühe. Die meisten Ausdrücke passen nicht mehr ins heutige Weltbild; das Weltbild hat sich eben für uns Abendländer grundlegend verändert. Wir betrachten die Welt heute anders als der Mensch des Mittelalters.

Das Umdenken aufgrund der Entdeckungen der modernen Wissenschaften ist irreversibl. Das Credo wurde einst im Mittelmeerraum auf den Schultern antiker Hochkulturen formuliert und dann von unseren ungebildeten Vorfahren bei deren Christianisierung als (für damalige Zeiten!) hochdifferenziertes Geistesgut übernommen. In der Zwischenzeit hat die Entwicklung des menschlichen Geistes das alte Credo aber überholt; darum ragt dieses heute wie ein erratischer Block aus grauer Vorzeit in unseren modernen Alltag hinein. Das Apostolicum, unseren Vorfahren einst weit voraus, ist heute ins Hintertreffen geraten. Wir haben uns der mythischen Welt, die im alten Credo noch zu uns spricht, entfremdet. Dieser Entfremdungsprozess ist unumkehrbar. Es ist sinnlos, auf Zeiten zu hoffen, da der Mensch – wie im Mittelalter – alte Mythen wieder wort-wörtlich glauben werde. Das Apostolicum enthält für denkende Menschen mit einer modernen westlichen Schulbildung allzu viele mythische Stolpersteine.

Viele stoßen sich an mythischen Formulierungen des alten Credos. Sie sagen verärgert:

1. Die Vorstellung von einem Himmel mit Gott-Vater, Gott-Sohn und einem von beiden ausgehenden Geist ist unzeitgemäß geworden. Dazu kommt noch, dass bloß männliche Figuren im Himmel oben thronen: Im Zeitalter der Gleichberechtigung der Geschlechter sollten selbstverständlich auch Frauen zu höchstem Rang und Namen aufsteigen. Die mythische Vor-

stellung eines Himmels mit göttlichen Heerscharen sowie die patriarchale Form des himmlischen Regimentes ist für viele ein erster Stolperstein.

2. Wie konnte Jesus ohne einen natürlichen Vater gezeugt werden, und wie konnte seine Mutter bei der Zeugung und der Geburt Jungfrau bleiben? Das ist eine Vorstellung aus dem vorwissenschaftlichen, archaisch-mythischen Zeitalter, die aus mindestens drei Gründen abzulehnen ist: Erstens ist sie biologisch unmöglich, zweitens ist sie wegen der damit verbundenen Abwertung der Sexualität einem gesunden Seelenleben abträglich (sie führt zu einer verklemmten, unnatürlichen Einstellung gegenüber der Sexualität), und drittens ist sie biblisch schlecht bezeugt: In der Regel (so etwa bei Paulus, Markus und Johannes) wird nämlich Jesus im Buch der Bücher als ein durchaus natürlich gezeugter Mensch dargestellt; einzig Matthäus und Lukas kennen die mythische Geschichte von einer jungfräulichen Zeugung und Geburt des Erlösers – ein zweiter Stein des Anstoßes.

3. Wie kann man heute noch daran glauben, Jesus sei nach seinem Tode in die Hölle hinabgefahren, um dort die Gerechten der Vorzeit zu erlösen, die zusammen mit den ungetauften Kindlein im Limbus sehnsüchtig auf ihre Befreiung geharrt haben sollen? Wer glaubt heute noch, dass es unter dem Erdboden eine »Unterwelt« mit Hölle und Fegefeuer gebe? Jesu Höllenfahrt: ein dritter Stolperstein.

4. Wie soll der Leichnam Jesu, der bereits zu verwesen angefangen hat, am dritten Tag in einen Geist- bzw. Auferstehungsleib verwandelt worden sein? Wie konnte der natürliche Verwesungsprozess gestoppt und in eine völlig andere Richtung »umgeleitet« werden? Das ist biologisch ganz einfach nicht möglich. Die Vorstellung von der Verwandlung eines verfaulenden Leichnams in einen Geistleib beweist, dass das biologische Wissen früher noch sehr beschränkt war; sie ist mythisch und für einen aufgeklärten, gebildeten Menschen von heute absurd – ein vierter Grund, sich über das Credo zu ärgern.

5. Die Auffahrt Jesu in den Himmel zur Rechten seines Vaters mutet im Zeitalter der Raketen und Kosmonauten nicht minder seltsam an: Wo im Weltall soll sich ein göttlicher Thron befinden? Hatte nicht Gagarin (der erste russische Kosmonaut) Recht, als er triumphierte, er habe trotz eifriger Suche keinen Thron Gottes im Weltall gefunden? Nicht umsonst ist ja das Fest der Auffahrt unter allen kirchlichen Festen wohl dasjenige, das am meisten an Bedeutung verloren hat. Die Auffahrt Jesu: ein fünfter Stein des Anstoßes.

6. Zur Wiederkunft Jesu am Jüngsten Tag: Wir haben ja erlebt, was gewisse Sekten zum Millenniumswechsel aus dieser wort-wörtlich aufgefassten mythischen Fantasie gemacht haben! Woher soll Jesus auf den Wolken des Himmels »wiederkommen« und unter Posaunengeschmetter – rund um die Erdkugel zur selben Zeit! – ein Weltgericht inszenieren, bei dem sich die Gräber öffnen und alle Welt, die je gelebt hat, vor dem Richterthron erscheint, um das Urteil des Allmächtigen zu empfangen: »In den Himmel! In die Hölle!« Die mythische Fantasie von einem »dies irae« ist für viele ein sechstes Ärgernis.

7. »Ich glaube an die Kirche ...« Haben nicht auch die Gnadenmittel der Kirche, in denen das Heil vergegenwärtigt werden soll, in ihrer traditionell-mythischen Form an Glaubwürdigkeit verloren? Kann etwa ein Priester Brot und Wein in der Eucharistiefeier wirkkräftig »wandeln«, nur weil er »rite« und »in der apostolischen Sukzession« geweiht wurde? Ist das nicht eine magische Vorstellung aus dem vergangenen mythischen Zeitalter der Menschheit? »Dominus Iesus«: auch das für viele ein Stolperstein!

Wenn man die eben genannten sieben Stolpersteine einmal hinter einander aufreiht, scheint man dem Anliegen des protestantischen Theologen Rudolf Bultmann (1884-1976) vorbehaltlos zustimmen zu müssen: »Die christliche Botschaft muss radikal entmythologisiert werden!« Doch die Entmythologisierung hat einen Haken: Nach der Entfernung der Stolpersteine bleibt vom Glaubensgut kaum mehr etwas übrig, und die einst so prachtvolle Gestalt des Credos steht nun erbärmlich zusammengeschrumpft da. Die Entmythologisierung ist also auch nicht das Ei des Kolumbus. Es scheint alles andere als harmlos zu sein, alte Zöpfe kurzerhand abzuschneiden; ein kahl geschorener Schädel ist verständlicherweise nicht nach jedermanns Geschmack.

Doch es gäbe für die Kirche einen Ausweg aus dem Dilemma: Seit achzig Jahren existiert eine Methode – die symbolische Deutung –, welche den alten Zopf nicht abschneidet, sondern zeitgemäß umfrisiert. Dabei wird alles Anstößige zu Anstößen im positiven Sinn verwandelt: zu Anregungen, aus denen sich fruchtbare Gesichtspunkte zur Gestaltung eines zeitgemäßen spirituellen Lebens ergeben. Die symbolische Interpretation basiert auf den Erkenntnissen der Tiefenpsychologie, welche den Code der mythischen Sprache geknackt hat: Sie hat den Nachweis erbracht, dass die Sprache des

Mythos eine konkretistisch verstandene – also nach außen projizierte – Sprache der Seele und ihrer archetypischen Bilder war. Die Bilder werden bei einer symbolischen Deutung des Mythos ins Innere des Menschen zurückgeholt, von wo sie seit eh und jeh ins Bewusstsein aufgestiegen sind. Die alte – scheinbar metaphysische – Welt wird dabei »hereingeklappt« (Willy Obrist). Auf diese Weise werden die Aussagen des traditionellen Credos auch für den heutigen Menschen wieder sinnvoll.

Nun soll abschließend in sieben Punkten – aus Platzgründen leider nur ganz skizzenhaft – umrissen werden, was aus den sieben oben erwähnten Stolpersteinen bei einem symbolischen Verständnis des Mythos entsteht:

1. Der patriarchal geprägte Glaube an den mythischen Gott-Vater im Himmel wird durch die symbolische Deutung zum »lebendigen Vertrauen in den Urgrund des Lebens«.

2. Die mythische Aussage der jungfräulichen Erzeugung und Geburt des Gottessohnes bringt jetzt zum Ausdruck, dass mit Jesus etwas Außergewöhnliches unter die Menschen gekommen sei. Darüber hinaus kann jeder Mensch »jungfräulich« werden, der echt nach innen horcht. Auf diese Weise wird bisher Unerhörtes im eigenen schöpferischen Seelengrund erlauscht. Wer »ganz Ohr« wird, empfängt im Geist von innen, »jungfräulich« wie Maria im Mythos. Er wird kreativ und bringt staunenswerte Dinge hervor, Rettendes und Erlösendes wie Maria.

3. »Niedergefahren zur Hölle« ... Damit wird nun die Auseinandersetzung mit dem eigenen Schatten bezeichnet, damit, was wir einst »zur Hölle gewünscht« haben – und doch nicht loswurden, weil ja bekanntlich alles Verdrängte wiederkehrt! Gerade dieser Passus des Credos ist im Zeitalter der Globalisierung von besonderer Bedeutung: Wenn wir nicht lernen, in unsere Höllen hinabzusteigen und dort mit Liebe und Verständnis Ordnung zu schaffen, wird das Leben auf Erden zur Hölle werden.

4. Mit der mythischen Verwandlung des Leichnams Jesu in einen Geist- bzw. Auferstehungsleib ist im symbolischen Verständnis die Reifung der menschlichen Persönlichkeit, die Transformation des unbewusst-instinktiven Dahinlebens und Sich-treiben-Lassens in ein bewusstes, geistig verantwortetes Leben gemeint. Es ist das Thema von 2. Kor. 5: Der »alte Adam« wird verwandelt in ein »neues Geschöpf«. Damit ist jene Wandlung ge-

meint, welche auch die Eucharistie im Auge hat: die eigentliche Menschwerdung, der Individuationsprozess, die bewusste Selbstfindung.

5. Die mythische Auffahrt Jesu in den Himmel wird nun zur wertmäßigen Erhöhung der Gestalt Jesu. Wer das Credo reflektiert, muss sich fragen: »Nehme ich die Gestalt des Rabbi aus Nazareth wirklich ernst? Lasse ich mich von ihm inspirieren?«

6. Die mythische Idee eines Jüngsten Gerichtes symbolisiert den innersten Richter in uns, nicht das uns von der Umgebung aufgezwungene, andressierte Gewissen, sondern die innerste, lebendige Stimme in uns, die Stimme unseres innersten »Du«, die uns etwa über unsere Träume erreicht.

7. Zur Kirche: Durch die symbolische Deutung des Credos wird »Dominus Iesus« überholt und der kirchliche Hochadel entmachtet; »der Geist weht, wo er will« (Joh. 3.8) ...

Ich hoffe, mit diesen spärlichen Skizzen gezeigt zu haben, dass eine symbolische Deutung das Credo wieder zu einer Quelle geistlichen Lebens machen könnte. Der Preis für die symbolische Deutung (bei der gar nichts aus dem traditionellen Glaubensgut verloren geht, nicht einmal die Höllenfahrt des Erlösers!) wäre jedoch die Preisgabe des wort-wörtlichen, archaisch-konkretistischen Verständnisses des christlichen Mythos. Das aber ist nur möglich, wenn sich die Kirche jenem Geist erneut öffnet, den der jüngst selig gesprochene Papst Johannes XXIII. mit seinem Konzil (1962-1964) herbeizurufen wusste.

Die Kirche steht meines Erachtens heute in Europa – in einigen Jahrhunderten überall auf der Welt – vor der Alternative: Tod durch Erstarrung oder Neubelebung durch eine grundlegende »Reform an Haupt und Gliedern«. Das theologische Kernstück dabei wäre die konsequent symbolische Deutung des christlichen Mythos.

ROLF KAUFMANN, ZÜRICH

In Gottes Gemeinschaft

Ich glaube an die seherische, schöpferische, göttliche Kraft in Jesus Christus, der auf das ungeduldige Drängen seiner Jünger, wann denn nun das Reich Gottes endlich komme, geantwortet hat:

»Denn ihr müsst erkennen: Der Vater ist in mir und ich in ihm, so aber bin ich in euch und der Vater aber auch in euch!« (Joh. 10,38)

»Wenn wir alle eins sind im Vater, dann werden wir vollkommen sein und die Welt erkennen und das ewige Leben haben, denn wer ewig lebt, der erkennt, er lebt zeitlos in der Gegenwart Gottes!« (Joh. 17,23)

»Sehet, das Reich Gottes kommt nicht so, dass ihr es beobachten könnt, das Reich Gottes ist doch mitten unter euch.« (Luk. 17,21)

Mit dieser seiner Einstellung hat Jesus die erst nahezu 2000 Jahre nach seiner Kreuzigung von namhaften Wissenschaftlern begründete Quantentheorie vorweggenommen, die im Wesentlichen besagt:

1. Mit einer jeden Beobachtung ist zwangsläufig eine Bezeichnung verbunden, nämlich eine Trennung von dem Beobachteten und seiner »Umwelt«. Da man Gott nicht beobachten kann, hat er auch keine Umwelt, d. h. er ist allgegenwärtig und entzieht sich jedem Versuch einer Beschreibung.

2. Im Mikro- wie im Makrokosmos befindet sich alles in ständiger Wechselwirkung, alles kommuniziert miteinander, sendet Botschaften aus und erhält Antworten, so dass schließlich aus chaotischen Verhältnissen eine neue Ordnung entsteht. Alles ist ineinander verwoben.

3. Wenn einmal die Kommunikaton unterbrochen wird, z. B. zwei Menschen sich gegenüberstehen, ohne dass einer zu kommunizieren beginnt, entsteht eine chaotische Situation, in der Misstrauen, Hass und offene Feindschaft ihre Geburtsstätte finden.

In dieser Beziehung ist die christliche Religion wohl allen anderen Religionen überlegen, die versuchen, »ihren Gott« zu beschreiben, also in eine sprachliche Form zu kleiden. Was für Folgen sich daraus ergeben, hat schon Kant erkannt, der da schrieb: »Dogmengläubige Menschen leben in selbstverschuldeter Unmündigkeit.«

HANS STRESE, NÜRNBERG

Was die Kirche mit sich schleppt

Bei dem Apostolischen Glaubensbekenntnis handelt es sich um eine ungewöhnlich schlechte theologische Arbeit. Da wird von Jesus Christus geredet, als sei an ihm nur seine übernatürliche Biografie wichtig. Er kommt von oben in unsere Welt herein, er leidet und stirbt in ihr, und er erhebt sich aus ihr in Auferstehung und Himmelfahrt. Was er gewirkt hat, wird mit keinem Wort gesagt, oder was er für uns sein und wie er uns helfen kann, auch nicht. Es ist, als habe er auf der Erde nichts getan als zu sterben.

Mir schrieb einmal, es war vor mehr als zwanzig Jahren, eine Konfirmandenklasse einen Brief, der lautete so:

»Sehr geehrter Herr Zink, Sie haben die Bibel übersetzt. Können Sie nicht auch das Glaubensbekenntnis neu übersetzen, denn wir verstehen es nicht. Und damit Sie merken, was wir meinen, haben wir einen Versuch gemacht, ein neues Glaubensbekenntnis aufzuschreiben. Wir legen es Ihnen bei. Herzliche Grüße.« Und dann folgten rund zwanzig Namen.

Das Glaubensbekenntnis, das sie beilegten, war um Längen besser als das apostolische, das die Kirche demnächst zweitausend Jahre mit sich schleppt. Es lautete etwa so: »Ich glaube, dass Jesus Christus mein Bruder ist, denn er war ein Mensch wie ich. Ich glaube, dass Jesus Christus mein Meister ist, denn er sagt mir, was ich tun soll. Ich glaube, dass Christus mein Arzt ist, denn er macht mich heil. Ich glaube, dass Jesus mein Befreier ist, denn er macht mich frei von Sünde.« Es folgten noch ein paar Sätze dieser Art, die ich nicht mehr weiß.

Warum, so frage ich mich, hängt die Kirche an ihrem schwachen Glaubensbekenntnis, wo es doch unschwer möglich wäre, Besseres an seine Stelle zu setzen?

JÖRG ZINK

AUS: JÖRG ZINK IM GESPRÄCH MIT MEINOLD KRAUSS. BINDE DEINEN KARREN AN EINEN STERN. KREUZ-VERLAG

Vorsichtige Ausnahme in Kurhessen

Im Gesangbuch der Evangelischen Kirche in Kurhessen-Waldeck von 1993 heißt es: Als Zeichen der Einheit im Glauben werden im Gottesdienst das Apostolische und Nizänische Glaubensbekenntnis gebetet. Bei besonderen Gelegenheiten auch eines von folgenden Bekenntnissen des Glaubens, bei Taufgottesdiensten eines dieser Bekenntnisse zusätzlich zum Apostolischen Glaubensbekenntnis:

1.

Gott, Ursprung des Lebens,
Grund allen Seins,
unsere Hoffnung.
Dich loben wir.

Jesus Christus, Gottes Sohn,
aus dem Tod Erstandener, unser Leben.
Dir danken wir.

Geist des Lebens,
heilender Atem Gottes,
unsere Kraft zur Versöhnung.
Dich beten wir an.

Du, Gott, schaffst neu die Erde.
Dich, Gott, bekennen wir
vor aller Welt.
Dir, Gott, vertrauen wir uns an
in Zeit und Ewigkeit.

2.

Ich glaube an Gott,
der Liebe ist,
den Schöpfer
des Himmels und der Erde.

Ich glaube an Jesus,
sein menschgewordenes Wort,
den Messias der Bedrängten
und Unterdrückten,
der das Reich Gottes verkündet hat
und gekreuzigt wurde,
ausgeliefert wie wir der Macht des Todes,
aber am dritten Tage auferstanden,
um weiterzuwirken für unsere Befreiung,
bis dass Gott alles in allem sein wird.

Ich glaube an den Heiligen Geist,
der uns zu Mitstreitern
des Auferstandenen macht,
zu Brüdern und Schwestern derer,
die für Gerechtigkeit kämpfen
und leiden.
Ich glaube an die Gemeinschaft
der weltweiten Kirche,
an die Vergebung der Sünden,
an den Frieden auf Erden,
für den zu arbeiten Sinn hat,
und an eine Erfüllung des Lebens
über unser Leben hinaus.

NACH: KURT MARTI

Badische Leitsätze zum Glauben

Die folgenden neun Leitsätze der Badischen Landeskirche wurden von ihrer Landessynode Ende Oktober 2000 verabschiedet.

Viele Menschen fragen nach dem, was mehr ist als die Spanne zwischen Geburt und Tod, die wir Leben nennen. Sie suchen nach Sinn, nach Orientierung. Sie fragen nach Religion und Glauben, weil sie ahnen, dass der Mensch von Voraussetzungen lebt, die er nicht selbst geschaffen hat. Christinnen und Christen möchten in der Lage sein, über das zu reden, was sie glauben. Sie wollen deutlich machen können, was das Leben trägt und sinnvoll macht. Dafür haben wir in der Tat die Bibel und das Glaubensbekenntnis als Grundlage. Das gilt nach wie vor.

Die Leitsätze wollen uns helfen, kurz und prägnant in zeitgemäßer Sprache zu sagen, woran wir als Christenmenschen glauben.

1. Gott liebt die Menschen, ob sie es glauben oder nicht.
2. Gottes Wort begegnet uns in der Bibel.
3. Gott hat die Welt geschaffen und gesagt, was gut ist.
4. Unser Leben ist wertvoll – nicht durch unsere Leistung,
   sondern weil Jesus Christus für uns gestorben ist und lebt.
5. Durch Jesus Christus ist Gott auch in den Tiefen menschlicher Not bei uns.
6. Wer mit Gott rechnet, hat Hoffnung und kann besser mit Gelingen und Scheitern umgehen.
7. Der Heilige Geist hilft uns zur Umkehr und eröffnet neue Wege.
8. Unser Leben ist mit dem Tod nicht zu Ende.
   Wir glauben an die Auferstehung der Toten.
9. Gott ist größer als unser Wissen. Zu allen Zeiten hält er Geheimnisse bereit, die die menschliche Vernunft übersteigen.

Der Gottesglaube des umfassenden Humanismus

»Ich glaube an den einen Gott«, mit diesen Worten beginnt das Glaubensbekenntnis der Kirche, das große Credo. Hält der ehrwürdige Text auch, was seine erste Zeile verspricht? Vorsichtig gesagt: nicht so ganz! Es erscheint nämlich dieser eine Gott in der Gestalt von drei Personen: Vater, Sohn und Heiliger Geist. Sie werden zwar nacheinander aufgeführt, aber in ihrer Bedeutung gleichrangig nebeneinander gestellt.

Das gefällt weder Juden noch Muslimen, die ohne Umschweife den einzigen einen Gott verehren.

Leider hatten die Theologen der ersten drei Jahrhunderte unserer Zeitrechnung große Probleme mit der Zuordnung von Jesus zu Gott und vom Heiligen Geist zu Jesus und Gott, dem Vater Jesu Christi. Leidenschaftlich wurde darüber gestritten, teilweise auch verbissen. Die jeweiligen Streithähne guckten sich nicht mehr in die Augen. Ob Jesus gottgleich oder nur gottähnlich sei – darüber schlug man sich regelrecht die Köpfe ein. Dass der Heilige Geist vom Vatergott und zugleich von Jesus Christus ausging, das lehnten die Christen im Osten des Reichs vehement ab, während die im Westen ebenso unerbittlich darauf bestanden.

Die Kaiser Konstantin der Große und Theodosius der Große setzten diesem Streit ein Ende, indem sie auf den Konzilien von Nicäa im Jahre 325 und Konstantinopel im Jahre 381 das längere Credo durchsetzten. Es trägt den Namen Nicaenoconstantinopolitanum (kurz: Nicaenum).

Danach trat eine gewisse Ruhe ein. Der Glaube an den einen Gott verband die Christen. Und mit den drei Personen dieses einen Gottes kam man auf verschiedene Weise zu Rande. In den östlichen Kirchen dachte man eher von oben nach unten. Oben stand unbestritten der Vatergott. Ihm zur Rechten Christus, der sogar zum Herrscher des Alls aufstieg. Und deutlich nachgeordnet der Heilige Geist. In den westlichen Kirchen dachte man eher nach dem Gleichheitsgrundsatz. Alle drei göttlichen Personen stehen im gleichen Rang. Es gab aber auch die nach dem Theologen Arius genannte Variante, wonach Jesus ein Mensch geblieben ist, vergleichbar dem Propheten Muhammet oder den Glaubensgestalten Mose und Abraham in den benachbarten Religionen.

Um die Jahrtausendwende glaubten weltliche Obrigkeiten erneut eingreifen zu müssen. Karl der Große verordnete für sein Herrschaftsgebiet das Credo als Bestandteil der Sonntagsmesse. Kaiser Heinrich II. zwang es im Jahre 1014 Papst Benedikt VIII. ins römische Messbuch.

Noch einmal musste das Credo zur Disziplinierung herhalten. Der Preußische König Friedrich Wilhelm III. schuf 1817 die Kirche der Union aus Reformierten und Lutheranern und machte ihnen 1822 in der Gottesdienstordnung des Berliner Hofes und Doms nunmehr das Apostolische Glaubensbekenntnis aus dem 3. Jahrhundert zur sonntäglichen Pflicht.

Interessant ist, dass das schwierigste Stück des Sonntagsgottesdienstes sich offenbar dazu eignete, Untertanen bei der Stange zu halten.

Ursprünglich waren beide Bekenntnisse, das kürzere Apostolische und das ausführlichere Nicänische, nur für die Taufe vorgesehen gewesen. Bei dieser Gelegenheit wurden sie vorgetragen und ausgehändigt. Die erwachsenen Täuflinge sollten das Credo für sich behalten. Es unterlag der Arkandisziplin.

An diese Praxis erinnert heute noch die freie Kirche der Christengemeinschaft. Alle neu aufgenommenen Mitglieder erhalten das Glaubensbekenntnis zum persönlichen Gebrauch. In der sonntäglichen Menschenweihhandlung legt die Priesterin oder der Priester zum Credo die Stola ab und sagt es als persönliches Bekenntnis. Den anwesenden Hörenden wird sein Inhalt zur Aneignung und individuellen Entwicklung anempfohlen.

Martin Luther hat diesen persönlichen Gebrauch des Glaubensbekenntnisses dadurch bekräftigt, dass er seine berühmte Erklärung des Credo mit den Worten beginnt: »Ich glaube, dass mich Gott geschaffen hat.« Luther vertrat jedoch auch den allgemeinen Sinn des Credo. Sein bekanntes Glaubenslied lässt er mit den Worten »Wir glauben all an einen Gott« anfangen.

Luther hielt das Glaubensbekenntnis für entbehrlich. Nach der Verlesung des Evangeliums sollte ein Glaubens- oder ein Loblied angestimmt werden, nur an Feiertagen das Credo. Damit setzte er die römisch-katholische Tradition fort, nach der für den Fall der Kürzung der Messe (der Missa brevis) das Credo als erstes wegfällt. Auch die Reformierten Kirchen und die Anglikaner verwenden das Credo sparsam. Sie verzichten auf das sonntägliche Muss eines Glaubensbekenntnisses.

Wo liegen heute die Probleme beim Credo?

Die Jungfrauengeburt Jesu, seine Höllen- und Himmelfahrt, die Auferstehung von den Toten und die Gottgleichheit Jesu werden von den meisten Gläubigen in Frage gestellt. So etwas möchten sie nicht regelmäßig dahersagen müssen.

In der gesungenen Form ist ihnen der symbolische und gleichnishafte Charakter solcher Aussagen durchaus hinnehmbar. Keineswegs jedoch als Bekenntnis von sogenannten Glaubenstatsachen.

Obwohl das Credo Ergebnis dogmatischer und politischer Streitigkeiten ist, wirkt es wie ein großes Gedicht, wie eine Hymnus, den man mit Freude singen kann – vergleichbar dem Gloria in Excelsis, welches dem Credo inhaltlich sehr ähnlich ist, jedoch auf die erwähnten missverständlichen vernunftwidrigen Passagen verzichtet.

Berühmt wurde das Nicänum wegen drei Sätzen: Jesus ist »eines Wesens mit dem Vater«. Der Heilige Geist geht vom Vater »und dem Sohne« (filioque) aus. In Jesus ist Gott »Mensch geworden« (homo factus est). Diese drei Formulierungen bezeugen, dass Gott endgültig Mensch geworden ist und sich mit unserem Leben verbunden hat. Deswegen schweigt die singende Gemeinde nach dem homo factus est (und ist Mensch geworden), verneigt sich oder geht gar in die Knie.

Demnach schreitet der Gottesglauben im Christentum voran zu einem Menschheitsglauben, zu einem allumfassenden Humanismus. Das ist so revolutionär, dass man es nicht im sonntäglichen Gottesdienst abschleifen darf. Gott sorgte dafür, dass nicht er selbst, sondern der Mensch im Mittelpunkt seiner eigenen Würde zu stehen hat.

MARTIN LOTZ, BERLIN

Ein Evangelium aus Tibet

Die folgenden Sätze stammen aus einem Credo-Text eines apokryphen, also von den Kirchen nicht anerkannten, Evangeliums, das im 19. Jahrhundert von einem Engländer in Tibet entdeckt und aus dem Aramäischen ins Englische übersetzt wurde, später ins Deutsche. Es gefällt der Einsenderin trotz der zunächst ungewohnten Formulierungen sehr gut, weil darin auch die weibliche Seite Gottes zum Ausdruck kommt. Manche Sätze sind der Einsenderin tröstlich und ermutigend. Die Schrift nennt sich »Das Evangelium des vollkommenen Lebens«.

Und der Geist Gottes kam über die Apostel und die Propheten unter ihnen, und da sie sich erinnerten, was der Herr sie gelehrt hatte, bekannten und priesen sie Gott alle mit einer Stimme und sprachen:

»Wir glauben an Einen Gott: den Ewigen, Geheimen Born, das Ewige Vater-Mutter, von dem alle Dinge kommen, die sichtbaren und die unsichtbaren. Dem All in Allem durch Alles und um Alles. Das Heilige Zwei, in dem alle Dinge bestehen, das gewesen ist, das ist und das sein wird.

Wir glauben an einen Herrn, unsere Herrin, den vollkommenen heiligen Christus: Gott von Gott, Licht vom Lichte gezeuget. Unser Herr, der Vater, Bräutigam und Sohn. Unsere Frau, die Mutter, die Braut und die Tochter. Drei Gestalten in Einer ungeteilten Wesenheit. Eine zweifache Dreieinigkeit. Dass Gott offenbar werde als der Vater, Bräutigam und Sohn, und dass jede Seele vollkommen werde als die Mutter, die Braut und die Tochter Gottes.

Und dieses durch das Aufsteigen der Seele in den Geist und das Herabsteigen des Geistes in die Seele. Der Geist kommt vom Himmel und ist Fleisch geworden aus der ewig gesegneten Jungfrau, in Jesu-Maria und jedem Christus Gottes, und wurde geboren und lehrte den Weg des Lebens und litt unter den Weltenlenkern und wurde gekreuzigt und begraben und stieg hinab zu der Hölle. Und der wieder auferstehen und in Herrlichkeit auffahren wird, von wo er allen das Licht und das Leben spenden wird.

Wir glauben an den siebenfachen Geist Gottes, den Lebensspender, der aus den Heiligen Zwei hervorgeht, der über Jesu-Maria kommt und über alle, die treu sind dem inneren Licht; der in der Gemeinde wohnt, in dem

Israel, erwählt von Gott; der immerdar in die Welt kommt und jede Seele erleuchtet, die da suchet; der das Gesetz gibt, das die Lebenden und die Toten richtet; der durch die Propheten aller Zeiten und Länder spricht.

Wir glauben an eine heilige allgemeine und verkündende Gemeinschaft: die Zeugin aller Wahrheit, die Erhalterin und Spenderin derselben. Gezeuget vom Geiste und dem Feuer Gottes; genähret von den Wassern, Saaten und Früchten der Erde. Die durch den Geist des Lebens, ihre zwölf Bücher und Sakramente, ihre heiligen Worte und Werke die Erwählten zusammenkittet in eine mystische Vereinigung und die Menschheit mit Gott versöhnt, die uns zu Teilhabern des Göttlichen Lebens und Wesens macht, dieses bezeugend in den heiligen Symbolen.

Und wir erwarten die Wiederkehr des allumfassenden Christus und des Reiches Gottes, worin Gerechtigkeit wohnt. Und die heilige Stadt, welche zwölf Tore hat: Darinnen sind der Tempel und der Altar Gottes. Von wo drei Orden in vierfachem Amte hervorgehen, alle Wahrheit zu lehren und das tägliche Opfer des Lobpreisens darzubringen.

Und so innen wie außen. Im großen wie im kleinen. So oben wie unten, wie im Himmel, so auch auf Erden. Wir glauben an die Läuterung der Seele durch viele Geburten und Erfahrungen, die Auferstehung von den Toten, an das ewige Leben aller Gerechten, an alle Ewigkeit und Ruhe in Gott für immer. – Amen.«

Und wie die Wolken des Weihrauches aufstiegen, da wurde der Klang vieler Glocken gehört, und eine Menge der Himmelsscharen pries Gott und sprach:

»Ruhm, Ehre, Lob und Preis sei Gott, dem Vater, Bräutigam und Sohne, eins mit der Mutter, Braut und Tochter, von dem der Ewige Geist hervorgeht, durch den alle Wesen geschaffen sind. Von aller Ewigkeit, jetzt und in alle Ewigkeit – Amun – Allelujah, Allelujah, Allelujah «

EINSENDERIN: RENATE SCHUBERT, HILDESHEIM

1881 VON G. J. R. OUSELEY IN TIBET ENTDECKT, VON IHM AUS DEM ARAMÄISCHEN INS ENGLISCHE ÜBERSETZT, SPÄTER VON R. MÜLLER INS DEUTSCHE.

Kraft zum Überleben

Ich glaube an eine Macht,
die über allen Dingen steht,
die das Geschehen der Welt leitet.

Ich glaube an die Stärke, die uns diese Macht gibt,
damit wir sie in die Kraft zum Überleben umsetzen
können.

Ich glaube an die Macht der Natur,
die die Blumen blühen, aber auch welken lässt, gleich
unserem Leben.

Ich glaube an die Macht des Hasses sowie an die der
Liebe,
die uns sowohl lieben als auch hassen lehrt,
die uns den Sinn des Lebens gibt.

Ich glaube an die Macht des Glaubens, die uns Hoffnung
gibt,
Hoffnung auf das Gute im Menschen und in der Welt.

Ich glaube an die Wiedergeburt
in der Hoffnung auf eine Chance,
um begangene Fehler wieder gut machen zu können.

ANKE BEHRENS,
SCHÜLERIN DER 12. JAHRGANGSSTUFE AM EICHSFELD-GYMNASIUM DUDERSTADT

Durch Trauer und Trümmer hindurch

Ich glaube nicht an die uneingeschränkte Macht von Zahlen und Platzierungen in meinem Leben, sondern ich glaube an Gottes Schöpfung, die Raum und Platz für Schwäche und Zerbrechlichkeit lässt.
Ich glaube an den segnenden Trost durch Trümmer und Trauer hindurch.
Ich glaube an die fürsorgliche und Leben spendende Ader Gottes, die auch in geschundenen und gedemütigten Leibern ihre Bahn zieht.

Ich glaube nicht an die Durchschlagskraft eines lieblosen Schwarz-Weiß-Denkens, sondern ich glaube an Farben und Schattierungen, die unserem Leben erst Sinn und Wärme geben.
Ich glaube an das Gute und Schöne im Menschen, das tief im Innern oft zugeschüttet ist von Hass, Neid und Machtstreben.
Ich glaube an Jesus Christus, Sohn Gottes, hinabgestiegen in diese Tiefen menschlichen Daseins.
Ich glaube an die Auferstehung menschlicher Schönheit,
von Gott geschaffen, in, von und durch Christus wiedergeboren,
sie muss sich nach dessen heilender Reinheit richten,
um nicht im bedeutungslosen Nichts zu verschwinden.

Ich glaube nicht an eine hoffnungslose Zukunft eines resignierenden göttlichen Geistes, sondern ich glaube an den Triumph der Beharrlichkeit, wenn sie unermüdlich wie das schäumende Meer Wellen der Liebe und Toleranz an Land spült.
Ich glaube an die wenn auch unvernünftige Geduld des Gebets, das gerade in der Form der Fürbitte goldene Güter an Güte und Solidarität stranden lässt.
Ich glaube an Gottes erlösenden Willen, der uns Menschen Zuversicht und Richtung gibt, Hoffnung und Orientierung himmelwärts. Amen

OLIVER BÖSS, KAISERSLAUTERN

Gott ist alles

Gott kann man nicht zeichnen
aber Gott zeichnet dich.
Gott kann man nicht sehen
aber Gott sieht dich.
Gott ist die Welt, Gott ist überall.
Gott sind Vögel, Leute, Häuser, Bäume, Seen ...
Gott kann man nicht fühlen
aber Gott fühlt dich!

ANDREAS MIEHLE

Tag und Nacht

Gott, ich hoffe, dass du jede Nacht und jeden Tag bei mir bist.
Denn es gibt Momente im Leben, da ist man der Verzweiflung nahe.
Da ist es gut, wenn man jemanden hat.
Der einen versteht, der dich aufmuntert, und dafür möchte ich dir danken.

Amen!

JAN HEINE, ROTTENACKER

Glückliche Leut

Glückliche Leut sind die,
die in deinem Haus wohnen,
in deiner Wiege schlafen
und in deinem Herzen leben.

Doch auch die Unglücklichen,
deren Schreie du nicht überhört hast,
sind in deinem Hause glücklich.

STEPHANIE GÖBEL

Wer an nichts glaubt

Ich kann Gott nicht sehen,
ich kann ihn niemanden zeigen.
Doch ich glaube an ihn,
da man etwas oder jemanden braucht, an den man einfach nur glaubt.
Weil man sich nicht immer nur an bewiesenen Tatsachen festhalten kann.
Da es so viel gibt, gab oder geschah,
was ein einzelner Mensch und auch viele Menschen nie verstehen werden.
Manche Menschen glauben nur an das, was sie sehen,
also glauben sie schlichtweg an nichts.

DAVID STOLL

DIESE VIER CREDOS SIND AUS VIELEN EINGESANDTEN CREDOS VON SCHÜLERINNEN UND SCHÜLERN DER REALSCHULE MUNDERKINGEN (DONAU) AUSGEWÄHLT. EINGESANDT VON JUDITH A. HÄRLE, EHINGEN (DONAU)

Zweifelnd geborgen

Ich weiß nichts von dir –
Gar nichts –
Null.
Doch kann ich nicht leben
ohne dich.
Ich muss dir vertrauen
in das Unsichtbare hinein.

Ich vertraue dir.
Willige ein
in deinen Willen.
Werde frei von allem anderen.
Bin geborgen.

Nimm du dich meiner Zweifel an.

HORST KLINGEBIEL, LOHR AM MAIN

Macht der Liebe

»Ich bete an die Macht der Liebe, die sich in Jesus offenbart.«

GERHARD TERSTEEGEN

EINGESANDT VON HEINRICH REHBACH, ASCHAU

Kurzes Credo

Ich glaube an Gott, den allmächtigen und barmherzigen Vater aller Menschen.
Ich glaube an Jesus Christus, dessen Leben und Sterben unser leuchtendes Vorbild sein soll.
Ich glaube an den Heiligen Geist, der uns helfen möge, Gottes Willen unmissverständlich zu verstehen.

HANS H. MÜLLER-BÖSCHEN, HANNOVER

Erlösung durch Gnade

Unser Wirken besteht darin,
Dinge zu lehren,
die Jesus lehrte, und zu handeln,
wie er uns zu handeln auftrug,
und zu glauben,
was er uns zu glauben zeigte.

Die Erlösung durch Gnade
hebt das Christentum als einmalige
und unergründliche Wahrheit
von allen anderen Glaubensrichtungen
und philsophischen Systemen ab.

HERBERT ECKERT, WALDSHUT

Das zarte Zerbrechliche

Ich glaube, ich vertraue der heiligen Aufregung der Frauen,
die beim Aufgehen der Ostersonne
den weggewälzten Stein sahen.

Ich teile ihre Hoffnung auf eine gelingende Gemeinschaft:
eine Gemeinschaft befreiter und versöhnter Schwestern und Brüder,
wo keiner wie ein Stein
das Leben des anderen verschließt.

Ich glaube, ich vertraue der wahren Unsterblichkeit Jesu,
in dessen Begegnungen die tiefe Kraft des Lebens
den Menschen ganz nahe kam,
der unabhängig von der Macht und Meinung anderer
alles Lebensverneinende anging,
sich einmischte und aufrieb,
bis ihm selbst das Recht zu leben genommen wurde
und er ermordet wurde unter dem Hass.

So reiht er sich in jene scheinbar endlose Kette
Missachteter und Ermordeter, deren Leid
sich nicht in Worte fassen lässt.

Und dennoch können wir nicht schweigen,
sonst würden wir irre.

Ich glaube, ich vertraue dem zarten zerbrechlichen Geheimnis
des Lebens – das sich Bahn bricht – das wir Gott nennen,
verborgen wie ein Korn in der Erde,
das uns in allem fragend begegnet
und unsere Liebe, unsere Angewiesenheit und Verantwortung wachruft.

EINGESANDT VON SR. M. ANNA ZÜGER, SCHWESTERNGEMEINSCHAFT ZÜRICH

Unendlich und nahe

Ich glaube an Gott, den Unendlichen,
der mir nahe ist in Christus,
den ich anrufe,
zu dem ich bete,
zu dem Einen.
– Wenngleich er bei manch' anderen Völkern anderen Namen hat –
Gott aber kennt alle Namen,
auch den Namen jedes Menschen.

Und so ruft er mich bei meinem Namen,
und ich höre und spüre Heiligen Geist zwischen ihm und mir,
sodass ich weiß:
Er hat alles Werden gestaltet,
mein Leben darin geborgen, mein Fühlen und Denken gesammelt
und wird meine Zukunft fügen,
der ich – Gott alle Tage dankend – entgegengehe,
der Zukunft, die wir Menschen ewiges Leben nennen dürfen.

Amen

DOROTHEA SCHRÖTTER-PETSCHOW, LANGENHAGEN

Meine Hoffnung

Ich glaube an Gott, den Schöpfer des Alls und allen Seins.

Ich glaube an Jesus Christus, den von Gott gesandten, um uns Menschen zu helfen, Gott in allen Menschen und in der Schöpfung zu begegnen.
Ich glaube, dass so das Hauptgebot der Gottes- und Nächstenliebe des Evangeliums gelebt werden kann.

Ich glaube an Gottes Gerechtigkeit im Leben nach dem Tod.

Das ist meine Hoffnung.

RUTH WEBER-MICHEL, WOHLEN

Credo der Firmlinge

Ich glaube an die Liebe,
obwohl ich weiß, dass es Menschen gibt,
die sich nicht geliebt fühlen.
Ich glaube, dass eine Beziehung wichtig ist.
Ich glaube, zu leben und Freunde zu haben
ist wichtiger als alles Geld der Welt.
Ich glaube, dass meine Familie mich nie im Stich lässt.

Ich glaube, dass Drogen und Alkohol
große Gefahren für uns Jugendliche sind.

In unserer Gesellschaft gilt meist:
Wer nicht gut aussieht, den mag keiner.
Wer nichts hat, der ist auch nichts.
Ich glaube, dass man Menschen nicht nach dem Äußeren beurteilen kann.
Ich glaube, dass niemand perfekt ist,
dass jeder Mensch Talente hat.
Ich glaube, dass alle Menschen
einen weichen Kern haben,
auch wenn sie viel Schlimmes getan haben.
Ich glaube an meine Träume.
Ich glaube an mich: Ich bin ich!

Ich glaube, dass ich noch viele Aufgaben
bewältigen muss und viel Schönes erleben werde.
Ich glaube, dass jeder ein festes Ziel hat.
Ich glaube an die Zukunft.
Ich glaube, dass mein Leben einen Sinn hat;
nach diesem Sinn zu fragen, dazu bin ich auf der Welt:
Ich glaube, mein ganzes Leben ist die Suche nach einer Antwort auf die Frage nach dem Sinn des Lebens.
Ich glaube an einen Gott hinter allem.
Ich glaube an ein Leben nach dem Tod.

FORMULIERT VON FIRMLINGEN AUS BAUSENDORF, BENGEL UND KINDERBEUERN, DEKANAT TRABEN-TRARBACH

Spurensuche ...

Solange Ich lebe, bewege Ich mich
Solange Ich mich bewege, atme Ich
Solange Ich atme, hoffe Ich –
Solange Ich hoffe, liebe Ich –
Solange Ich liebe, helfe Ich –
Solange Ich helfe, denke Ich ...
Solange Ich denke, glaube Ich!
Solange Ich glaube, erfahre Ich:
die geschaffene Wirklichkeit
zwischen gut und böse ...
Ich erlebe Erfahrungen:
zwischen Lüge und Wahrheit ...
zwischen Tod und Auferstehung
und darf Anteil haben
an der Feier des Geheimnisses von Ostern:
Alleluja!

MARIA FREIBERGER, ST. INGBERT

Das Zeugnis für alle Völker

Ich glaube an Gott den Einen, den Ewigen –
vor aller Zeit und über alle Zeit hinaus
der alles Lebendige geschaffen,
den Menschen – beiderlei Geschlechts –
zu seinem Ebenbild und Gegenüber.

Er hat sich sein Volk Israel erwählt
aus allen Völkern,
seinen Willen zu tun
und nach seiner Weisung zu leben,
zum Zeugnis für alle Völker.

Durch seinen Sohn Jesus Christus
(ein Sohn aus diesem auserwählten Volk)
haben auch wir den Zugang zum Vater,
zu seinem Wort und Willen und
zu seiner Weisung für ein Leben mit ihm
und in der Verantwortung
für seine Schöpfung und füreinander.

Er schenkt uns seinen Geist,
seinen Willen zu tun und
uns in all unserer Verschiedenheit
gegenseitig anzunehmen,
wie auch wir von ihm angenommen sind.

Ihm sei Ehre in Ewigkeit. Amen

ANNEMARIE FLEISCHMANN, GERSTETTEN

Dieses Credo wurde für einen Gottesdienst zur Dekade »Solidarität der Kirchen mit den Frauen 1988- 998« formuliert

Wo Gott zu finden ist

Sabine Wunschheim, Lehrerin an der St.-Franziskus-Realschule in Kaiserslautern, schrieb an Publik-Forum:
Schülerinnen der Klasse 9Ra, die ich in Religion unterreichte, würden gerne am Credo-Projekt teilnehmen. Im Rahmen der Unterrichtseinheit »Sinn suchen – Gott erfahren« schrieben die Schülerinnen:

Gott lässt sich finden

– in einem reinen Herzen, das mit wahrer Liebe gefüllt ist,
– wo die wenigsten ihn vermuten,
– wo das Unsichtbare ist,
– wo man einander vertraut und das Geheimnis des anderen akzeptiert,
– auch dort, wo Wertvolles nicht wertvoll erscheint.

Kein Weltverbesserer

Ich glaube nicht, dass es einen Gott gibt,
der die Welt verbessern kann.
Ich glaube nicht, dass es einen Gott gibt,
der uns Menschen verbessern kann.
Ich glaube an einen Gott, der uns hilft.
Der die Weinenden zum Lachen bringt.
Der denen, die im Dunkeln saßen, Licht bringt.
Der denen, die in Knechtschaft lagen, Freiheit bringt.
Der Gott, an den ich glaube,
wurde von einer Mutter geboren,
die ihr Kind genauso lieben würde,
wenn es kein Gott wäre.
Der Gott, an den ich glaube,
ist kein anderer als der Sohn Marias, Jesus!
Jeden Tag stirbt er,
gekreuzigt durch unsere eigensüchtigen Taten.
Jeden Tag ersteht er vom Tode auf
durch die Macht der Liebe.

MIRJAM STENNER, 13 JAHRE, BREMEN

Gott ist Liebe!

Wenn das so ist, dann kann ein Gott der Liebe
nicht mit sich selbst zufrieden, sich selbst liebend Gott sein.
Liebe braucht immer ein Gegenüber,
einen Partner, ein Objekt der Liebe.
Dieses Objekt der Liebe Gottes ist die Welt, seine Schöpfung,
darin jedes einzelne seiner Geschöpfe, Sie und ich.
In dieser Liebe haben wir den Ursprung, den Sinn und
das Ziel unseres Lebens, in ihr sind wir geborgen
in Zeit und Ewigkeit.

Das gibt mir die nötige Ruhe und Gelassenheit in
allen Wechselfällen des Lebens.
Das lässt mich Ja sagen zu jedem neuen Tag, denn jeder Tag
ist ein Heute Gottes mit seinen Gaben und Aufgaben.
Es ist an uns, dass wir uns in das Kraftfeld der Liebe Gottes
stellen, uns von ihr durchdringen lassen und damit
transparent werden, diese Liebe nun unsererseits weiter
zu geben an unsere Mitmenschen, Mitkreaturen, an die
ganze uns anvertraute Schöpfung.
So leben wir den Sinn unseres Lebens.
So konkretisiert sich unsere Gottebenbildlichkeit.
»Gott ist Liebe, und wer in der Liebe bleibt,
der bleibt in Gott und Gott in ihm.« (1. Joh. 4,16)

JOACHIM MÜLLER, EGESTORF

Gott und seine Künder

Ich glaube an den Gott der sagt
»Ich bin, ich werde da sein für Euch«
Der mich frei macht
der mich nicht einengt
Ich glaube an Gott
der Himmel und Erde erschaffen hat
Ich glaube an seine Künder
an Moses und Debora
an Elia und Amos
an Judith und an Jesus
an die die für ihn eintreten
und eine menschenwürdige Ethik verkünden
Ich glaube dass es Ruach gibt
Gottes guten Geist
einen guten Geist den wir immer wieder fühlen
wenn wir geschwisterlich miteinander umgehen

Ich glaube an die Auferstehung
an einen Glauben der Menschen verbindet
an ein ewiges Leben bei Gott unserm Gott

MONIKA KRIETER, ESSEN

Liebe, Lust und Verantwortung

ich glaube an die liebe
die die blindheit verscheucht
durch die kraft des sehens und erkennens –
die zärtlich meine angst vor dem versagen umfängt
und die mich neugierig macht
auf das weite, unbekannte land
das vor mir liegt
ich glaube an die liebe
die berge versetzt
die menschen ver-rückt
die leben lässt, was nicht vorstellbar war
liebe –
und tu was du willst
daran glaube ich

und

ich glaube an die lust
an die lust am leben
an die lust am da-sein
mit all meinen sinnen, gefühlen
und meiner ganzen figur
ich glaube an die lust die innewohnt in mir
und die sich ausdrückt
in der vielfalt meines tuns und handelns
im genussreichen spiel von zärtlichkeit, erotik und extase
ja, ich glaube an die lust
als buntes, kreatives und schöpferisches element meines lebens

und

ich glaube an die verantwortung
an die verantwortung
die ich mit der ersten sekunde meines lebens
für mich übernommen habe –
und ich glaube an die verantwortung gegenüber dem anderen
dem Du –
du bist zeitlebens verantwortlich ...
ich glaube an die verantwortung
die mein denken, fühlen, reden und tun stets begleitet
damit ich nicht absichtlich kränke und verletze

ich glaube an die lebendig-keit
die sich in der liebe,
der lust
und
der verantwortung
ausdrückt

PAUL DIRR, A-VILS

Die Antwort

Ich glaube an Gott

Ich lasse die Träume,
baue kein Haus,
vernichte die Pläne.

Und an Jesus Christus

Ich decke den Tisch,
sorge für Wein,
teile das Brot,
öffne die Tür,
nehme die Zeit,
trage das Kreuz.

Ich glaube an den Heiligen Geist

Ich lerne zu warten,
verliere die Angst,
versuche zu hören,
sehe die Grenze,
überwinde die Mauer,
suche das Leben,
finde die Freunde,
weiß die Antwort,
folge dem Stern.

HEDDA LANGER, OSNABRÜCK

Nicht Gottes Marionetten

Ich glaube an Gott, der wie ein Vater, Bruder, Freund,
wie eine Mutter, Schwester oder Freundin für mich da ist.
Der König ist, aber dennoch nicht herrscht, sondern dient,
weil er uns Menschen liebt.
Er ist der, der alles erschaffen hat, nicht nur uns Menschen,
sondern auch die Tiere und Pflanzen.
Er schuf uns Menschen nicht als seine Sklaven oder Marionetten,
sondern als bündnisfähige Partner.
Und er schenkte uns Intelligenz, Willen, Fantasie, Gefühle,
Selbstvertrauen, Tatkraft und die Fähigkeit zur Liebe.

Ich glaube an Jesus Christus, in ihm ist uns Gott selbst begegnet.
Mit seinem Leben hat er uns gezeigt, wie wir als Christen leben sollen.
Jesus war ein Poet, der in wunderschönen Bildern von Vögeln am Himmel
und den Lilien auf dem Felde sprechen konnte.
Er war ein geselliger Geschichtenerzähler,
der anschaulich von Frauen beim Brotbacken
oder Fischern beim Einholen ihrer Netze erzählen konnte.
Er war der sanfte Nazarener, der kleine Kinder auf den Schoß nahm
und mit ihnen spielte und lachte.
Er war auch der stumme Gefangene,
der in völliger Freiheit vor Königen stand
und sich die wüstesten Beschimpfungen anhörte
ohne ein Wort des Widerspruchs.
Auch wenn wir heute seine Botschaft für unser Leben nicht immer
ganz verstehen, so dürfen wir uns trotzdem auf ihn verlassen,
denn er sagte ja: »Ich bin bei euch, bis ans Ende der Welt.«

Ich glaube an den Hl. Geist, er ist mit Jesus in die Welt gekommen.
Ich glaube an den Geist Gottes, der in jedem Menschen mit gutem Willen lebt.
Leben und Ordnung sind Gütezeichen des Hl. Geistes.
Er lässt sich weder als Fahrtwind der Revolution
noch als frommer Mief in der festen Burg missbrauchen.
Gottes Geist überwindet Gegensätze, heilt Wunden, stiftet Einheit.

Er ist der beste Freund des gesunden Menschenverstandes.

DAS »BEKENNTNIS« ENTSTAND IM FIRMUNTERRICHT 1997 VON KATHRIN SICHINGER, STEFANIE THIERY, SEBASTIAN SIEBER, HARALD SPORYS, 15 JAHRE. FIRMBEGLEITERIN: WALTRAUD SPORYS, TIEFENBRONN

Worauf ich baue

Ich baue darauf, dass diese Erde
mit allem, was darin und darauf ist,
im Ganzen des Kosmos sich einem guten Geist verdankt
und von ihm erfüllt ist.
Ich nehme das Wirken des Geistes wahr
in allem, was lebt und besteht.
Mich selbst nehme ich wahr als zugehörig
zu den unmessbaren, sichtbaren und unsichtbaren Zusammenhängen.
Es erfüllt mich mit Dank
von den Früchten der Natur zu leben.
Ich sehe mich in der Pflicht
sie mit Ehrfurcht und Respekt zu behandeln
und für sie einzutreten.
Als Mitglied der Menschenfamilie
auf unserem Planeten trete ich dafür ein,
dass allen Menschen ein Leben in Würde möglich ist.
Ich sehe mich einbezogen
in den Kreislauf von Werden und Vergehen,
in dem nichts verloren geht, was geworden ist.
Ich stehe dazu, dass mein Wissen und Erkennen
auf den äußersten Rand der Wirklichkeit beschränkt ist.
Somit ist auch mein Reden und Handeln
vom Vorläufigen und Wandelbaren bestimmt.

HORST BAUER, BIELEFELD

Gefährliche und gefährdete Botschaft

Wenn mit einer neuen Glaubenssprache der alte – immer junge – Glaube vermittelt wird, dann wird diese manchmal als Glaubensuntreue verdächtig.

Das Credo und der unbekannte Gott

Die von *Publik-Forum* entfachte Diskussion über das Credo und die Formulierung eigener, persönlicher Glaubensbekenntnisse stellt das traditionelle Bekenntnis der Kirche in Frage. So scheint es jedenfalls. »Es ist gefährlich, sich von den alten Positionsbestimmungen der Christenheit zu lösen.« Solche oder ähnliche Stimmen sind zu hören. Und das ist verständlich. Denn in einer Zeit, in der sich so vieles ändert, alles im Fluss ist, wächst die Sehnsucht nach Geborgenheit – bis in die behütete, warmherzige Kinderzeit hinein. Der Verlust religiöser Heimat erscheint vielen als unerträglich. »Woran kann ich mich noch halten?«, so ist zu hören. Man fühlt sich fast wie ein Ertrinkender im Ozean, der keine Balken und keine Rettungsringe hat.

In der Tat: Reinkarnationsträume, Ganzheitsvisionen und neue religiöse Selbstfindungspraktiken bestimmen derzeitig die anwachsende spirituelle Szene. Damit wird das alte Zukunftsbild einer kommenden religionsfreien, religiös entzauberten Welt zerbrochen. Im neuen »religionsfreundlichen Klima« wirkt der von den Kirchen verkündigte Gott der biblischen Traditionen dagegen wie ein fremdes Überbleibsel aus einer vormodernen Denk- und Lebenswelt. Das kirchlich verfasste Christentum verliert zusehends weiter an Verbindlichkeit, auch wenn die Anzahl der Kirchensteuerzahler nicht abnimmt.

Das Religiöse ist deutlich durch eine Verschiebung der Machtbalance zu Gunsten des Individuums verschoben, stellen Theologen fest. Das Okkulte kehre in vielfältigen Formen in den Alltag zurück. Sakralisierungen würden sich auf das eigene Selbst richten, Liebesbeziehungen eine geradezu sakrale

Weihe erhalten. Neue Ritualisierungen seien im Alltag und in den Szenen der Jugend- und Pop-Kultur zu beobachten. Ein gewisser Trost vermittelt den Theologen das Beispiel Amerika. Dort zeige sich, dass ein gesteigerter religiöser Pluralismus keineswegs nur negative Wirkungen haben muss. Könnten damit doch auch Verkrustungen aufbrechen und, wie es heißt, das Personal der religiösen Organisationen für die Bedürfnisse und Orientierungen der Gläubigen sensibler und offener werden.

Es gibt das Wort von der »gefährlichen Erinnerung«. Damit ist das Erinnern an Leben und Tod des Jesus von Nazareth gemeint. Denn wenn man sich daran erinnert – und dies in einer radikalen Weise der Verinnerlichung –, dann verlangt dies einen tief gehenden persönlichen Wandel. Aber auch den Wandel der Kirche, gleich welcher Konfession, vor allem jedoch kritische Überprüfung des Verhältnisses zur Kirche. Dann ist das Erscheinungsbild der Kirche, ihre Struktur als Institution, ihr Wert und Rang einer ihr gefährlichen christlichen Kritik ausgesetzt. Nicht nur das allein, sondern auch das alte Credo in seinen Formulierungen, die dem Zeitgeist der Antike entsprechen. Hans Küng hat das Credo insofern »gefährlich« interpretiert, als er es im Lichte der Evangelien getan hat und dies in einer Weise, dass es in seiner Substanz für Menschen des kommenden Jahrhunderts verdolmetscht wurde. Interpretation und Verdolmetschung gehören zusammen, wenn der Geist des Jesus Christus unter »Neuheiden« und »Neureligiösen« Fuß fassen soll.

Immer mehr der unruhig gewordenen Christen, die als Menschen ihrer Zeit als Christen leben wollen, atmen auf, wenn sie auf *Publik-Forum* und seine redaktionellen Projekte stoßen, weil sich Publik-Forum nicht scheut, das kirchliche Christentum vom Evangelium her nicht nur in Frage, sondern, wenn es als notwendig erscheint, auch vom Kopf auf die Füße zu stellen. Es wird aufgeräumt mit den mittelalterlich und absolutistisch entstandenen Formen, Gesetzen, Paragrafen und Weisungen der Kirchen, vornehmlich der katholischen, die zu einer Kultur der Fremdbestimmung führten. Das uns überlieferte christliche Gottesbild ist im Begriff zu verkümmern und im religiösen Massenangebot als eines unter vielen zu verschwinden. Wurde das Bild eines lebendigen Gottes nicht durch kirchliche Predigt zum toten Götzenbild versteinert? Pausenlos werden weiter neue Götzenbilder produziert. Um mit dem Theologen Louis Evely zu sprechen: »Wenn man aus unseren Köpfen sämtliche falschen Vorstellungen, die wir uns von Gott machen, herausziehen könnte, hätte man reichlich Material, um damit das schönste völkerkundliche Museum der Welt einzurichten, eine fantastische Sammlung von Totems, Tabus und Dämonen.«

Immer noch glauben wir in unseren Breitengraden von klein auf an einen Gott nach unserem Bild: majestätisch, herrschaftlich, Furcht erregend, übel wollend. Die Menschen fühlen sich vor diesem Gott schuldig. Man ist nicht mit ihm zufrieden und nimmt deshalb an, dass auch er mit uns nicht zufrieden sein kann. Wir denken nicht viel an Gott, deshalb vermuten wir, dass er sich auch nicht sehr viel mit uns befasst. Da wir ihn recht wenig lieben, meinen wir, auch er könnte uns nicht übermäßig lieb haben. Aber Gott ist nicht so wie wir. Er liebt, auch wenn wir ihn nicht lieben. Gott liebt auch den Menschen, der ihn nicht liebt, und wünscht, dass die Menschen sich gegenseitig entgegenkommen sollen und wollen, wie der Gott der Liebe uns. Es geht ihm darum, dass die Menschen liebenswert und liebenswürdig werden.

Heute wie vor 2000 Jahren kann man Gott in dem in jedem Menschen erschließbaren »inwändigen« Zeugnis seines Geistes erfahren. Allein Gott kann in überzeugender Weise von Gott sprechen. Er kann in seiner Kirche sogar unbekannter sein als außerhalb. Die Dogmen der alten Glaubenssätze dispensieren oft vom persönlichen Glauben von heute. Auch heute aber ist Christsein ebenso neu und umstürzend wie zur Zeit des Ursprungs des Christentums. Dem Durchschnittsverstand und traditioneller Religionsgewohnheit war schon damals das genuin Christliche dermaßen zuwider, dass man es nicht ertragen konnte und es schleunigst wieder »heidnisch« überlagert hat. Jesus aber hatte keine neue Religionsgemeinschaft in dem Sinne gründen wollen, dass in ihr eine bestimmte Anzahl von Handlungen und eigens dazu bestimmter Personen uns mit Gott in Verbindung setzen. *Insofern* hat er uns von der »Religion« befreit! Alle Menschen sollten einen für alle freien, unmittelbaren, freudigen Zutritt zu einem ungezwungenen und beglückenden inneren Verkehr mit Gott haben wollen. Das Christentum ist, so gesehen, für die »Laien«, für Frauen und Männer, gemacht. Das verträgt keine exklusive Priesterkaste, denn alle sind priesterlichen Geschlechts. Im Mittelpunkt stehen nicht Tempel aus Stein, sondern die lebendigen Tempel der Menschen. In »heidnischen« Religionen ist alles heilig – nur nicht der lebende Mensch. Der Tempel, der Altar, die Gefäße und Figuren sind heilig; es gibt heilige Stätten, Quellen, Steine, Haine und Hügel, zu denen man wallfahrtet. Es gibt nicht nur in Indien heilige Kühe, während der Mensch daneben stirbt. Dass Gott die Menschen um vieles mehr liebt, als sie ihn nicht lieben, das ist eine paradoxe Botschaft. Aber das ist das Herz des Christentums. Wer dies nicht akzeptiert, ist unfähig, Christ zu sein. Gott ist nicht Gegenstand menschlicher Pietät. Vielmehr ist er treibende, bewahrende und heilende Kraft. Er ist allgegenwärtige Substanz.

Im Christentum gibt es keinen Gotteskult um des Kultes willen. Voraussetzung für den Gotteskult ist der Dienst am Menschen. »Geh hin und versöhne dich zuvor mit deinem Bruder« (Matthäus-Evangelium, Kapitel 5, Vers 24). »Lernt, was das Wort bedeutet: Ich will Barmherzigkeit, nicht Opfer!« (Matthäus, Kapitel 9, Vers 13) Ist nicht die Kirche der Menschen wegen gemacht und nicht Gottes wegen? Ist nicht die Kirche das Haus der Menschen und nicht das Haus Gottes? Steht nicht der Priester im Dienste Gottes, sondern im Dienst der Menschen? Fragen über Fragen. Sie warten auf die Antwort. Jesus von Nazareth hatte angekündigt, dass der großartige Tempelkult in Jerusalem keine Geltung mehr habe, dass der Kult im Geist und in der Wahrheit an seine Stelle treten, dass der Tempel zerstört und ersetzt werde durch eine Körperschaft »lebendiger Steine«. Das alles aber ist weithin toter Buchstabe geblieben. Man baute wieder Millionen Tempel und feierte Millionen »Kulte«. Gott aber wohnt »nicht in Stätten, die von Menschenhand gemacht sind« (Apostelgeschichte, Kapitel 7,Vers 48).

Würde die Kirche zum Dienst an den Menschen und ihren Sehnsüchten zurückkehren, hätten die Menschen eine Chance, Christen zu werden.

Diese und weiter gehende wie auch tiefer gehende Fragen stellen sich im Zusammenhang mit dem in der Antike entstandenen Text des kirchlichen Credos, in denen die Vertrauenserklärung Gottes gegenüber den Menschen zu einem gottesdienstlichen Text-Denkmal verschriftet worden ist. Worauf es jedoch heute ankommt, ist, die gefährliche Erinnerung an den Inhalt der Botschaft Christi so zu verinnerlichen, dass er in den Menschen Resonanz findet. So gesehen ist das Interpretieren und Dolmetschen im Lichte des Evangeliums eine »gefährliche« Erinnerung für alle – innerhalb und außerhalb der Kirchen.

HARALD PAWLOWSKI, FRANKFURT A. M.

Schlichter Glaube

Eine schlichte Wasserlache möchte ich sein
und den Himmel spiegeln.

DOM HELDER CAMARA
(EINGESANDT VON ANDREAS WESTERBARKEI, GÜTERSLOH)

Es glaubt in mir

Die erste Ausschreibung des Credo-Projekts hat mich angerecht, der Frage nachzugehen, was ich glaube. Herausgekommen ist etwas für mich sehr Beglückendes:

Es – glaubt in mir, egal wie ich gestimmt bin, egal wie ich fühle, denke, handle, ob in Übereinstimmung mit diesem Grundstrom oder nicht.

Es glaubt und glaubt und glaubt und ist nicht mehr wegzubringen ... Die Glaubenssätze fallen mehr und mehr ab, es ist auch nicht mehr wichtig, ob und wenn und was ...

Es ist wie ein Grundpegel, und wie ein wu (ruhende Kraft) und wie ein chi (Kraft, die in die äußersten Kapillaren geht).

Es ist nicht in Worte zu fassen und doch in jedem Moment, in jeder Begegnung realer als ich selbst.

Es ist wie die Liebe, in jedem Augenblick kriegt sie eine andere Gestalt und ist doch ein Grundbefinden, ein Geschenk.

NAME DES EINSENDERS IST DER REDAKTION BEKANNT. ER SCHREIBT: »ICH KANN NOCH NICHT GANZ EINVERSTANDEN SEIN, DAS ZU VERÖFFENTLICHEN, DENN JETZT GERADE, WO ICH ES SCHREIBE, KOMMT ES MIR SO ARMSELIG VOR IN DEN WORTEN GEGENÜBER DER KRAFT UND DER FREUDE, DIE ICH EMPFINDE. LASST ES NOCH EIN WENIG WACHSEN.«

Glaube an Jesus oder Jesu Glaube?

In Erinnerung an Texte aus der Feder eines der beiden für mich besonders eindrucksvollen gläubigen Juden Pinchas Lapide oder Schalom ben Chorin, treibt mich immer neu die Unterscheidung um: Glaube an Jesus oder Jesu Glaube. Ersterer wurde dort als entschieden Trennendes zwischen Juden und Christen, das Zweite als Verbindendes angesprochen. Im Gegensatz zu »an« wurde dort gesagt »mit Jesus glauben«.

Auch die Überfülle an Credo-Variationen in den Veröffentlichungen von *Publik-Forum* steigert das Verlangen nach möglichst gültigem Erkennen eines Jesus-Credo, ohne die spätere christologische Zutat.

MARTIN LANGE, KONSTANZ

Seid Täter des Wortes

Mein Credo ist geprägt von christlichen Persönlichkeiten, so von meinen Großmüttern, meiner Mutter, von Franz von Assisi, Elisabeth von Thüringen, von der heiligen Notburga (der ersten Gewerkschafterin), von dem Theologen und Pädagogen Comelius, von Albert Schweitzer oder Kardinal Lorscheider.

Alle Christen haben für eine Hoffnung gewirkt, die ihren Grund in Jesus von Nazareth hat. Unvergessen bleibt mir die Konferenz Europäischer Kirchen in Engelberg, Schweiz, im Jahre 1974. Das Jakobuswort »Sei Täter des Wortes« hat mich seither nicht mehr losgelassen.

Sind Christen heute mehrheitlich nur noch Hörer? Es kommt in erster Linie auf das Tun an. Unsere wirtschaftliche Ordnung zerstört die ganze christliche Kultur. Wir müssen uns wieder auf die frühe Kirche besinnen, sie lebte in tiefer Beziehung zu Jesus, wir müssen wieder in der Gegenwartsform sprechen. Also nicht: Jesus, Du hast das für uns getan, sondern: Jesus, Du tust dies jetzt unter uns.

Ich muss an meine Mutter denken, die in aller Einfachheit ihren Glauben formulierte und ihren Enkelkindern Gott sehr anschaulich in Bildern erklärte. Es gab keinen einzigen abstrakten Begriff in ihren Erklärungen, aber in ihnen war die Nähe zu Jesus und seinem Tun zu erkennen, die wir mit unserer theologisch-wissenschaftlichen Begrifflichkeit oft nicht erreichen.

Wir Christen besitzen offenbar die fast unhaltbare Neigung, uns theoretische Wahrheit anzueignen, und zwar auf Kosten des praktischen Handelns. Ich finde das am besten beschrieben im Lukas-Evangelium, in der Emmausgeschichte, wie Jesus dort gemeinsam mit seinen Jüngern ging, ohne sich selbst in Worten erkennen zu geben und zuerst zuhörte, was sie zu sagen hatten. Und wie hat er sich schließlich zu erkennen gegeben? Im Tun! Beim Brechen des Brotes. Anstatt zu sagen: »Ich bin der Christus, der Weg, die Wahrheit und das Leben!«

Ich bin nicht einverstanden damit, dass dieser Satz exklusiv ausgelegt wird, denn es muss möglich sein, dass jede Kultur christlich werden kann, ohne ihre eigene Identität zu verlieren. Ich glaube, dass Jesus auch in anderen Kulturen präsent ist. Wir müssen mit Franz von Assisi zusammen den Weg gehen, mit Christen und Nichtchristen, behutsam und mit Respekt für das Anderssein des Anderen und dessen Gottesdenken, jedoch das Tun nicht vergessen.

HELMUTGUENTER OEWERMANN, LÜBBECKE

Heilige Identitätsprobleme

Ist es denn so schlimm, wenn der zum Gott mutierte Mensch Jesus von Nazareth der Sohn einer Prostituierten gewesen sein sollte? Könnte nicht gerade diese Erfahrung ihn zu dem Exorzisten, Weisheitslehrer und Apokalyptiker gemacht haben, der er in Wirklichkeit wohl war?

Ich selbst habe – aus der Distanz von 2000 Jahren und ungeachtet seiner von Menschen erkannten Göttlichkeit – Respekt vor diesem Mann, auch wenn es nur 90 Worte der ganzen biblischen Evangelien und christlichen Schriften sein sollten, die mit Wahrscheinlichkeit dem historischen Jesus zuzuordnen sind.

Mit anderen Worten: Dieser asketische Wanderprediger Jesus von Nazareth, der sich nicht für den Messias hielt, erscheint mir immer glaubwürdiger, plausibler, sympathischer, wahrhaftiger im Vergleich zu denen, die mit dem Namen des Mannes das größte Geschäft aller Zeiten gemacht haben. Obwohl oder gerade weil es ihm an jeglicher Intention, »Herr« sein zu

wollen, fehlte. Er ist also unschuldig an der systematischen Irreführung der Menschheit durch all jene, die sich selbst »Gott« sind.
Über die »Jungfräulichkeit« der »Gottesmutter Maria« zu rechten verbietet sich mir an dieser Stelle; Mutterschaft ist Gottesgnade genug – befleckt oder nicht!

FRED MAROSA

Das macht Sinn

In einem Gespräch meinte eine Gesprächsteilnehmerin zu meinem Credo in *Publik-Forum* 6/2000: »Aber wenn ich mir vorstelle, dass Ihr Credo anstatt des üblichen Glaubensbekenntnisses in der Kirche gesprochen würde, dann bin ich dagegen!« – Eine zweite sagte: »Behalt's doch am besten für Dich privat!«

Haben sie nicht recht? Ist es nicht pietätlos, das altehrwürdige Glaubensbekenntnis, mit dem meine Ahnen und mit dem ich selbst groß geworden bin, gegen den Formulierungsversuch eines Anfängers auszutauschen? Da verraten wir doch das, was unseren Eltern und unseren Vorvorderen hoch und heilig war? Genau deshalb sollte das Alte unversehrt an die kommenden Generationen weitergereicht werden.

Und dennoch möchte ich dagegen halten: Das große Echo auf das Credoprojekt ist doch Beweis genug für den Hunger nach einer anderen als der damaligen Bildersprache, der ein anderes Weltbild zu Grunde lag. Die immer größer werdende Abstinenz von den Kirchen, auch in der eigenen Familie, spricht für sich. – Wenn mein ältester Sohn (damals 40) mir süffisant die Hand auf die Schulter legt und bezüglich meines Engagements.in der Gemeinde sagt: »Vater, Du machst das schon richtig, aber lass' uns da raus!« dann komme ich mir vorgestrig und nicht ernst genommen vor. Wenn aber andererseits der Theologe und Soziologieprofessor Reimer Gronemeyer (*Publik-Forum* 3/2000) das erste Gebot mit: »Du sollst Dir die Sehnsucht nach Sinn nicht ausreden lassen« verdolmetscht, dann erfühle ich aus berufenem Munde mein eigenes Anliegen.

ERICH PELZ, KÖLN

Jesus und die Bergpredigt

Jesus spricht zu mir durch die Bergpredigt. Ich habe die Bergpredigt durch Lesen und meditierend in mich aufgenommen und versuche sie konsequent seit über 25 Jahren zu leben. Zuerst war die Bergpredigt wirklich ein fast unüberwindbarer »Berg«. Aber im Laufe der Jahre wurde sie mir immer vertrauter.

Was mich bewog, den Versuch zu wagen, als Laie die Nachfolge Christi im Sinne der Bergpredigt zu gehen, war der Vers 48 im 5. Kapitel: »Seid vollkommen, wie Euer Vater im Himmel vollkommen ist.« Mir wird immer wieder gesagt, wenn ich mit anderen Christen über die Bergpredigt rede: Es ist unmöglich für uns, den Sinn der Bergpredigt zu erfüllen.

Aber ich schreibe jetzt hier: Wer sich mit der Bergpredigt auseinander setzt, wird durch die Gnade Gottes dazu befähigt! Vollkommen ist doch der Christ, der wie Gott alle Menschen liebt, selbst seine Feinde, und für sie betet. Die Bergpredigt – es sind ja nur sieben Seiten – und nur diese Seiten sollten globalisiert werden. Für die Ökumene wäre es ein Erfolg, wenn alle den Sinn der Bergpredigt erkennen würden. Denn dann gäbe es nur eine Gemeinde Christi auf Erden und keine untereinander zerstrittenen Glaubensgemeinschaften.

Vater, Dein Wille sei mein Wille. Amen

HORST DICK, NEUSTADT

Alles ist in seiner Hand

Ich glaube an Gott, den allmächtigen Schöpfer des Weltalls und Lenker aller Schicksale.

Alle Theorien über die Entstehung des Weltalls sind Instrumente in seiner Hand.

Jesus Christus hätte Gottes Sohn sein können, so sehr war er in seinem heiligen Geiste für alle Zeiten Vorbild für die Menschen in seinem Denken und Handeln.

KURT KESSLER, BREMEN

Immer wieder neu fassen

Es trifft wohl ein großes Bedürfnis, etwas über den ganz persönlichen Glauben aufzuschreiben. Es gibt aber sicher auch Menschen, die sich scheuen, ihr momentanes Bekenntnis der Öffentlichkeit zu übergeben. Für mich ist es beispielsweise die Veränderbarkeit meines Denkens und so auch meines Glaubens. Das, was ich heute nach reiflicher Überlegung formuliere, kann eine Zeit später schon wieder zur Disposition stehen. Ich meine nicht, dass es nur mir so geht. Mein Glaubensbekenntnis trage ich in meinem Herzen mit mir durch die Zeit, es lebt mit mir. Und doch, ich will und sollte es immer wieder formulieren. Ich habe für mich nun folgende Lösung gefunden. In meinem Computer habe ich mein derzeitiges Bekenntnis schriftlich festgehalten. Ich lese es immer wieder durch, formuliere um, bringe einen neuen Gedanken hinein (manchmal nur ein Wort oder ein Komma) oder ich reduziere das Geschriebene. Dieses mit diesem Text Umgehen oder sogar Arbeiten ist für mich ein Gebet, mein ganz persönliches Gebet.

Vielleicht ist dieses Vorgehen auch für andere Leser eine Möglichkeit, sich am Credo-Projekt zu beteiligen.

MANFRED FUCHS, UNZENBERG

Sein Wärmemantel

Ich liebe Gott Vater und seinen Sohn Jesus und den heiligen Geist, welcher bei einigen Menschen noch besser zum Zuge kommen könnte.

Und ich weiß, dass er mich hält und akzeptiert, in hellen und dunklen Stunden meines Lebens.

Er weiß um meine Lebensgeschichte, ich brauche ihm keine Zeugnisse und Studien vorzutragen, aber er prüft mich immer wieder neu, damit ich spirituelles Wachstum erlange.

Ich danke ihm für mein Leben und der wunderbaren Natur; dass er die Farbströme in Menschen, Tieren und Pflanzen im Zyklus erblühen lässt und den Menschen, die ihn suchen, seinen Wärmemantel umlegt.

ELISABETH LOHKÄMPER, HALTERN

Gott ist die Liebe

Mein Credo ist das der katholischen Kirche und der gesamten Christenheit. Doch bin ich täglich dabei, mir dieses Credo persönlich anzueignen, und dies vom einzig zentralen Wort *Liebe* aus, denn Gott ist die Liebe. Gerade der franziskanische Gelehrte Johannes Duns Skotus hat mich mit seiner Lehre von der Gottes- und Menschenliebe, verbunden mit der Selbstliebe als Selbstbejahung, beeindruckt. Ich möchte in Kürze etwa so sprechen:

> Gott, der vollkommene Selbstliebe und daher mehr als menschliche Liebe ist, schafft meine Liebe täglich neu, da er mich einlädt, mit ihm zu lieben.
>
> Der vollkommen Mit-Liebende unter den Menschen ist Jesus Christus, der aus der Liebe Gottes kommt und die Liebe ganz hat. Daher ist er in seiner Liebe mit Gott eins.
>
> Sein Geist der Liebe erneuert mich aus der Tiefe meiner Person heraus zu immer mehr Liebe, so dass mein Leib und meine Seele sich zu einer neuen Gestalt des Geistes umbauen, ähnlich ihm, Jesus Christus, mit dessen Liebe ich verbunden sein darf.
>
> Am Kreuz war Jesus Christus in seiner Liebe siegreich und stärker als Hass, Sünde und Tod. Daher lebt er als Auferstandener durch diese Liebe, die er selber ist, weiter – und auch in mir.
>
> An seiner Liebe lässt sich jede Liebe messen, ob sie das Leben fördert oder nicht. In seiner Liebe ist Christus die vollendete und vollendende Gestalt auch meiner Liebe.
>
> Alle Menschen sind auf diese Liebe Christi bezogen, da sie von Gott kommt, denn Gott ist die Liebe. Jeder Mitmensch ist ein Hinzutretender in dieser Liebe und daher als Mit-Liebender willkommen. Ich darf seine und meine Liebe, mit der er und ich auf Christus als der Endgestalt des Menschen veranlagt bin, lieben.
>
> Die Kirche ist die Familie der Mit-Liebenden. Als solche umfasst sie alle Menschen und bezieht alle in die Liebe ein, so dass immer mehr Liebe sei.

Ich danke für die Taufe, in der ich von der Liebe Gottes in Jesus Christus angenommen bin und die mich nicht mehr verlässt, vielmehr mir beisteht in Schuld und Not, in Krankheit und Tod, in Glück und Erfolg, zum ewigen Leben in Liebe mit Gott – die kommende Menscheit in der Gestalt der Liebe.

P. HERBERT SCHNEIDER, TÄTIG IN DER ORDENSLEITUNG DER FRANZISKANER IN ROM (CURIA GENERALE DEI FRATI MINORI)

Kraft der Liebe

Wir glauben an die Kraft der Liebe,
die uns für andere Menschen Verantwortung
übernehmen lässt!

Wir glauben an die Kraft der Liebe
und danken unseren Eltern,
die uns dieses Leben geschenkt haben!

Wir glauben an die Kraft der Liebe,
die der Existenz der Menschen einen
Sinn gibt!

Wir glauben an die Kraft der Liebe,
die uns jeden Tag Frieden schenkt
und uns zusammenhält!

Wir glauben an die Kraft der Liebe,
die selbst über den Tod hinaus
besteht!

JANA KLINGELS, KIRCHBERG; JEANETTE FORSTER, LIEBSHAUSEN; CARINA BECKER, MASTERSHAUSEN; CHRISTIN ROTH, KIRCHBERG; SONGÜL BEERMANN, MÖRZ; JAQUELINE ZIEROLD, NIEDERKUMBD (SCHÜLERINNEN UND SCHÜLER DER BSBÜ 98 B DER BBS SIMMERN)

Fremd und nahe

Ich glaube an *Gott*. Er ist mein Vater. Er hat die Welt erschaffen.
Auch mich und Dich.
In seiner Allmacht ist er uns nahe. Und bleibt uns auch fremd.
Er nimmt uns an in seiner Liebe.

Ich glaube an *Jesus Christus*. Er ist der Sohn Gottes. Der Heiland der Welt.
Maria hat ihm das Leben geschenkt. Beseelt von Gottes Geist.
Jesus hat gepredigt und geheilt. Hat Menschen von ihrer Schuld befreit.
Ich glaube daran, dass er sein Leben für uns geopfert hat.
Am Kreuz von Golgatha.
Er hat unsere Schuld, unser Leid, unsere Vergänglichkeit durchkreuzt.
Sein Tod ist unsere Erlösung.
Seine Auferstehung unsere Rettung.
Seine Rückkehr zum Vater unsere Hoffnung.
Ohne Jesus Christus wären wir verloren.
Er spricht uns gerecht.
Er gibt unserem Leben Sinn und Richtung.
In der Vergangenheit, in der Gegenwart und in der Zukunft.

Ich glaube an den *Heiligen Geist*.
Er wirkt unter uns.
Er schafft Gemeinschaft.
Er nimmt uns ernst in unseren Zweifeln und unserem Unverständnis.
Trotz unserer menschlichen Schwächen erfüllt er uns mit Kraft,
mit Liebe, mit Begeisterung.
Er hilft uns zum Glauben:
An die Erlösung von unserer Schuld.
An die Auferstehung von den Toten.
An ein gegenwärtiges und zukünftiges Leben in Gottes Reich.

BIRGIT ZANDER, BERLIN

Eine neue Erde

Ich werde nicht glauben
an das Recht des Stärkeren,
an die Sprache der Waffen,
an die Macht der Mächtigen.

Aber ich will glauben
an das Recht der Menschen,
an die offene Hand,
an die Macht der Gewaltlosigkeit.

Ich werde nicht glauben,
dass ich nichts zu tun habe mit dem,
was woanders geschieht.

Aber ich will glauben,
dass die ganze Welt mein Haus ist
und das Feld, das ich bestelle,
dass alle ernten, was alle gesät haben.

Ich werde nicht glauben,
dass ich Unterdrückung dort
bekämpfen kann
wenn ich Unrecht hier bestehen lasse.

Aber ich will glauben,
dass das Recht ungeteilt ist
hier und dort,
dass ich nicht frei bin,
solange noch ein einziger Mensch
Sklave ist.

Ich werde nicht glauben,
dass Krieg und Hunger
unvermeidlich sind
und die Ferne unerreichbar.

Aber ich will glauben
an die kleine Tat,
an die scheinbar machtlose Liebe,
an den Frieden auf Erden.

Ich werde nicht glauben,
dass alle Mühe umsonst ist,
dass der Traum der Menschheit
ein Traum bleibt,
dass der Tod das Ende sein wird.

Aber ich wage zu glauben,
immer und trotz allem,
an den neuen Menschen.

Ich wage zu glauben
an Gottes eigenen Traum,
an eine neue Erde,
auf der Gerechtigkeit herrscht,
unter einem neuen Himmel.

DOM HELDER CAMARA

EINSENDER: CHRISTOPH RINNEBERG, WEINBACH

Mein Credo

Ich glaube an die Sonne,
auch wenn sie nicht scheint.
Ich glaube an die Liebe,
auch wenn ich sie nicht spüre.
Ich glaube an Gott,
auch wenn ich ihn nicht sehe.

EIN BEKENNTNIS AUS DEM WARSCHAUER GHETTO,
EINGESANDT VON KONRAD HOFFMANN, ULM

Die Sehnsucht stillen

Ich glaube, dass die schöne Welt regiere
ein hoher, nie begriffner Geist.
Ich glaube, dass Anbetung ihm gebühre;
doch weiß ich nicht, wie man ihn würdig preist.
Nicht glaub' ich, dass der Dogmen blinder Glaube
dem Hohen würdige Verehrung sei;
er bildet uns ja, das Geschöpf von Staube,
von Irrtum nicht und nicht von Fehlern frei.
Drum glaub' ich nicht, dass vor dem Geist der Welten
des Buddha und des AlKoran
Bekenner weniger als Christen gelten;
verschieden zwar, doch alle beten an.
Ich glaube nicht, wenn wir von Kanzeln hören,
der Christenglaube mache nur allein
uns selig; wenn die Unduldsamen lehren:
Verdammt muss jeder Andersdenker sein.
Das hat der Meister, der einst seine Lehre,
mit seinem Blut besiegelt, nie gelehrt,
das hat fürwahr, dem Herrlichen sei Ehre,
kein Jünger je aus seinem Mund gehört!

Er lehrte Schonung, lehrte Duldung üben,
Verfolgung war der hohen Lehre fern;
er lehrt' ohn' Unterschied die Menschen lieben,
verzieh dem Schwachen jeden Fehler gern.
Ich glaube an des Geistes Auferstehen,
dass, wenn im Tod das matte Auge bricht,
geläuterter wir uns dort wiedersehen.
Ich glaub' und hoffe, doch ich weiß es nicht.
Dort, glaub' ich, werde ich die Sehnsucht stillen,
die hier das Herz oft foltert und verzehrt,
die Wahrheit, glaub' ich, wird sich klar enthüllen
dem Blicke dort, dem hier ein Schleier wehrt.
Ich glaube, dass für dieses Erdenleben,
glaub's zuversichtlich, trotz der Deutler Zunft,
zwei schöne Güter mir der Herr gegeben:
das eine Herz, das andre heißt Vernunft.
Das Letzt're lehrt mich prüfen und entscheiden,
was ich für Pflicht und Recht erkennen soll.
Laut schlägt das Erste bei des Bruders Freuden,
nicht minder, wenn er leidet, warm und voll.
So will ich denn mit regem Eifer üben,
was ich als Recht, was ich als Pflicht erkannt.
Will brüderlich die Menschen alle lieben,
die mit mir leben in dem Vaterland.
Ihr Leid zu mildern und ihr Wohl zu mehren
sei stets mein heiligster Beruf.
Durch Taten glaub' ich würdig zu verehren,
den Geist, der mich wie sie erschuf.
Und tret' ich einst dann aus des Grabes Tiefen
hin vor des Weltenrichters Angesicht,
so wird er meine Taten strenge prüfen,
doch meinen Glauben, nein, das glaub' ich nicht!

IGNAZ HEINRICH KARL FREIHERR VON WESSENBERG, PÄPSTLICHER PRÄLAT,
DOMHERR UND GENERALVIKAR IM BISTUM KONSTANZ, 1796
EINGESANDT VON NORBERT JUNG, BAMBERG

Gottesbilder

Ich glaube an Gott,
eine Urkraft, ein Vulkan aus dem glühendsten Innern,
ein riesiger Adler, den Himmel ausspannend,
ein uriger Weinstock, knorrig und alt,
mit Wurzeln bis in die tiefsten Gewölbe,
doch Jahr für Jahr wieder treibend ein kräftiges Reis,
und der Wein seiner Reben mundet Alten wie Jungen;
oft glüht er vor Eifer, ein Mann wie ein Bär,
polternd und derb, mit Löwen und Drachen beschäftigt,
die Frauen mit geduldiger Würde ertragend,
doch im Umgang mit Kindern aufs Liebevollste erweichend.

Ich glaube an Gott,
einen Apparat, der statt zu erzählen, zählt,
Aufgaben löst, Angaben prüft, Ausgaben verwaltet,
der nimmer schlummert, noch schläft,
doch eigentlich lieber einmal, und sei es für einen Tag,
ein Geschöpf wär' aus Fleisch und Blut;
vielleicht wird es ja eine Frau, modisch und keck zuweilen,
anderntags wieder im Dunkeln schmollend;
doch immer umstellt von seriösen Gestalten,
die Phase der Schwachheit mit gesottenen Mienen erwartend;
oder er wird zum bleigrauen Wal auf dem Grunde des Meeres,
der beim Atemholen den Schlamm aller Länder
an die Gestade spült, wo ganze Flotten darauf lauern,
ihn beim nächsten Mal zu erwischen.

Ich glaube an Gott,
der beim Spiel, wie ein Kind,
unbekümmert von Zeit und Verpflichtung,
sich voll Schalkheit lachend erinnert
seines Ruhmes als Jungfrau und Krieger,
durch spitzes Gejuchze und schrilles Geplärr
uns alle zu schönem Gesang animiert,

seiner Blöße Verschmutzung niemals gedenkt,
weil wir eilen, das hilflose Wesen zu säubern,
und Leidende alle mit dem Kind dürfen weinen;
die aber hinter der Tür mit dem Knüppel stehen,
sich schämen und schnell das Trösten erlernen,
damit in dem lachenden Auge ein jeder erkenne
sein Herz.

ERNST L. SCHNELLBÄCHER, NECKARGEMÜND

Gott ist in Allem und Jedem

Ich glaube, dass Gott in mir ist.
Gott ist Alles,
das Gute wie das Böse,
denn ohne Hass würde ich keine Liebe kennen,
ohne Freude kein Leid.

Ich glaube, dass Gott in Allem »steckt«;
er hat Alles und Jeden erschaffen;
die Blumen, das Wasser, die Freunde,
aber auch die Mörder und Feinde.

Ich glaube, dass Gott uns unser Schicksal
in die Hände gelegt hat,
denn er ist nicht der Vater im Himmel,
der über uns wacht.
Wir sind selbst für unser Schicksal verantwortlich.

Niemand ist besser als ein anderer,
es gibt keine Heiligen, die in den Himmel kommen,
keine, die in den Fegefeuern der Hölle schmoren werden.

Das Wichtige ist nicht, die Erfüllung nach dem Tode anzustreben,
sondern die Erfüllung im Leben!

EVA BLEINES, GEMÜNDEN
(SCHÜLERIN IN SIMMERN)

Gott – geboren mit der Welt

Ich glaube an Gott,
ein Wesen
in mir, außer und über mir;

geboren mit der Welt
und mit ihr sich entfaltend,

gewirkt aus Materie und Energie
in ihrem Wechsel
und sie doch übergreifend,
durchpulst von Galaxien
und Elektronen
nach ihrem Gesetz,
aber weltumgreifend gipfelnd
im Bewusstsein,
Denken, Fühlen und Wollen des Alls;

bezeugt und offenbart durch Menschen:
Jesus, Buddha und Mohammed,
durch Künstler und Weise,
die von ihm sprachen,
jeder an seinem Ort,
jeder für seine Zeit;

auf dass der Mensch
erkenne Gut und Böse
und sich erhebe
über den wertneutralen Lauf
der toten wie der belebten Natur,

auf dass mit Gott
er wachse empor
von Niederm zu Höherm:
in geordneter Vielfalt;
von zerstörender Selbstsucht triebhaften Seins

zur Gemeinschaft,
zum Pflichtgefühl und tätigen Mitleid
brüderlich verbundener Menschen;

einzeln sterblich,
doch unvergänglich
im Bewusstseinsstrom der Menschheit:
Gleichnis Gottes.

HANS WOLFGANG BROCK, TORGAU

Gott Israels

Ich glaube
Gott, den einen,
den Heiligen Israels,
unsern Vater,
Schöpfer des Himmels,
der Erde
und der Menschen.

Im Gedenken Jesu
bekenne ich mich »zu dem Christus,
der uns Gott und Leben« bringt,
ihn, den einen,
»der Gedanken und Herzen gegen die falschen Götzen richtet
und sie zugleich zu ihren Opfern wendet«.

In der Gegenwart seines Geistes
traue ich ihm,
höre seineWorte zum Leben,
suche Gemeinschaft mit Menschen,
lerne das Gerechte tun
und warte auf seine Zeit.

HARTMANN FLEISCHMANN, GERSTETTEN

Auch wenn es Gott nicht gibt

Ich glaube an Gott.
Auch für den Fall, dass es ihn nicht gibt,
will ich an ihn glauben
und so leben, als ob es ihn gäbe –
den Schöpfer des Himmels und der Erde –
und mich einsetzen für die Bewahrung der Schöpfung.

Ich glaube an Jesus Christus.
So dunkel seine Herkunft sein mag –
er ist ein Sohn des jüdischen Volkes,
geboren von Miriam, einer erniedrigten jüdischen Frau,
aufgewachsen im jüdischen Glauben,
in der Hoffnung auf Gottes Reich.
Er widersprach der Behinderung und dem Aussatz,
er gab den Armen und Gedemütigten Hoffnung.
Er war kein Alleskönner,
sondern angewiesen auf Mitarbeiterinnen und Mitarbeiter,
die ihn trösteten und mit ihm unterwegs waren.
Ohnmächtig starb er am Kreuz,
zu Tode gefoltert wie unzählige andere.
Doch die abschreckende Wirkung
dieser schrecklichsten aller Todesstrafen
verfehlte ihr Ziel –
und der Kampf für das Leben ist nicht ausgekämpft.

Ich glaube an den Heiligen Geist,
auch gegen oft geistlose und enttäuschende Realität.
Wo sich Menschen zusammenfinden
Frauen und Männer, Kinder und Erwachsene, alte und junge Leute,
Behinderte und Nichtbehinderte, Einheimische und Fremde,
um die gemeinsame Sprache zu lernen;
wo sie Trennungen, Vorurteile und Hass überwinden,
wo sie Hunger, Krieg und Gewalt widersprechen
und sich Abschiebungen in den Weg stellen,

wo sie verlernen, ans Schicksal zu glauben –
da ist Unruhe um Gottes willen, bewegt vom Heiligen Geist
und Vorschein eines neuen Himmels und einer neuen Erde.

ANDREAS HÄMER, VÖLKLINGEN

Credo der Konfirmanden

Ich glaube, dass Gott der Vater für die Welt ist,
aber nicht sichtbar, unbeschreibbar und vielleicht überall.
Er schenkt allen Menschen
Geborgenheit, Liebe, Schutz, Freiheit, Verständnis,
Hoffnung, Vertrauen, Mut, Hilfe, Kraft und Halt.
Er behandelt alle Menschen gleich,
verbreitet Frieden, Liebe und Leben.

Ich glaube, dass Jesus, der Bote Gottes, barmherzig ist,
und ich durch ihn immer neu im Leben beginnen kann.
Ich glaube, dass Jesus Christus uns den Frieden, die Gerechtigkeit
und den Glauben an Gott überbracht hat.

Ich glaube an den Heiligen Geist,
eine unsichtbare, uns umgebende Kraft,
durch die Gott in uns wirkt und uns den Weg weist.

Amen

EINGESANDT VON HEINZ BEHREND, GÖTTINGEN

Der Pastor der Evang. Kirchengemeinde Nikolausberg: »Am Credo machen sich in der Gemeinde die meisten Fragen von Engagierten und Distanzierten fest. Wir haben in einem umfassenden Projekt von 15 Unterrichts-Einheiten über einen Zeitraum von sechs Monaten mit unseren Konfirmanden am Credo gearbeitet.«

Marius Stelzer, Student der Religionspädagogik in Paderborn, führte eine Unterrichtsreihe im Rahmen eines Vollzeitpraktikums an der *Canisiusschule in Ahaus* in der *Klasse 10 b* durch. *Bärbel Weiland,* Klassen- und Religionslehrerin, stand ihm als Mentorin zur Seite. Beide machten auf das »Credo-Projekt« von Publik-Forum aufmerksam. An Publik-Forum wurden zwölf Credos eingesandt, die am Ende der Unterrichtsreihe formuliert wurden. Sieben dieser Credos sind hier veröffentlicht.

Ich weiß nicht, warum ich glaube

Glaube ich an einen Gott,
der uns vor allem Bösen schützt?
Wie soll ich an ihn glauben,
wenn es Gewalt und Krieg gibt?
Glaube ich an einen Gott,
der immer bei uns ist?
Wie soll ich an ihn glauben,
wenn ich ihn nicht erfahren kann?
Doch trotzdem glaube ich an Gott!
Warum???
Ich weiß es nicht!

Glauben an ein Nichts?

Wie kann ich an etwas glauben,
das es nicht gibt?
Wie kann ich an etwas glauben,
das ich nicht erfassen kann,
mit dem ich nicht reden kann,
das ich mir nicht vorstellen kann?
Wie kann ich an einen Gott glauben,
der mir aufgezwungen worden ist,
an den ich aber nicht glauben kann!?

Ich glaube nicht

Ich glaube nicht an einen guten Gott,
an einen Gott, der uns beschützt,
an einen Gott, der uns rettet, wenn wir Hilfe brauchen,
an einen Gott, der uns Menschen liebt,
an einen Gott, der uns das ewige Leben schenkt.

Ich glaube nicht an einen schlechten Gott,
an einen Gott, der uns allein lässt,
an einen Gott, der uns unserem Schicksal überlässt,
an einen Gott, der uns Unglück bringt,
an einen Gott, dem die Menschen egal sind.

Ich glaube an keinen Gott,
weil ich keinen höre,
weil ich keinen rieche,
weil ich keinen schmecke,
weil ich keinen sehe
und weil ich keinen spüre,
weder an mir noch in mir!

Der Glaube an ein »Etwas«

Ich glaube an einen Halt im Leben,
den man in vielen kleinen Dingen und Gesten,
aber auch in seinen Mitmenschen wiederfinden kann.
Dieses »etwas« befindet sich auch in einer Idee,
einem Lied oder in einer Begeisterung.
Ich glaube an etwas,
das ich mir nicht vorstellen kann,
jedoch dem, was man Liebe nennt, am nächsten kommt.
Ich glaube an etwas, das mich an das Gute im Menschen glauben lässt
und immer wieder Hoffnung schenkt.
Vielleicht kann man dieses »etwas«, an das ich denke, auch Gott nennen ...

Was ich glaube

Ich glaube nicht an einen richterlichen Gott, der uns für schlechte Taten bestraft. Gott ist kein Mensch und braucht deswegen keine Geschenke oder Gaben. Er ist ein »Wesen«, das man erst nach dem Tod trifft.

Ich glaube, dass es Jesus und Maria gab, aber nicht, dass Jesus Gottes Sohn war und dass Maria Jesus durch den heiligen Geist empfangen hat. Sie hatten jedoch beide einen sehr starken und festen Glauben.

Ich glaube an den Himmel und daran, dass der Tod nicht das Ende ist, sondern dass die Seele unsterblich ist. Ich glaube an die Wiedergeburt und an das »Leben« im Himmel.

Kritischer Glaube

Ich glaube an Gott!? An etwas Höheres, vielleicht so, wie jeder ihn kennt. Jedenfalls daran, wie ich ihn mir vorstelle.
An den »Gott«, der überall ist, mitten unter uns, in jedem Einzelnen. Der Gott, der handelt und hilft. Der aber auch hart sein kann und uns mit unserem Schicksal konfrontiert.
Ich glaube an Jesus, aber als Sohn Gottes? Wohl kaum!
Aber glaube ich wirklich an all das? Oder nur weil ich es so gelernt habe?
Nein, ich glaube an das, was tief in meinem Inneren ist, und an meine Überzeugung, dass es so etwas wie »Gott« gibt, der uns Tag und Nacht umgibt, uns Halt und Trost, manchmal aber auch Trauer und Unglück bringt.
Einfach an »Etwas«, das über dem Weltlichen steht und – wie man sagt – über jeglichen Zweifel erhaben sein soll. An »Jemand«, den wir fühlen und spüren und »Gott« nennen?!?

Glücklich

Ich glaube, dass es einen Gott gibt,
der immer bei mir ist.
Er gibt mir Hoffnung, wenn ich nicht
mehr weiter weiß.
Er tröstet mich, wenn ich traurig bin.
Und: Er gibt mir das Gefühl, nicht allein zu sein.
Ich denke, ohne meinen Glauben an Gott
käme ich mir irgendwie verloren vor,
und wahrscheinlich wäre ich dann lange
nicht so glücklich, wie ich es jetzt bin.

Gottes Beratung

Wir glauben an den ewigen Gott, den Ursprung allen Lebens. Er hat uns die Erde geschenkt und uns damit Verantwortung gegeben. Die Erde ist einmalig. Darum sollten wir sorgsam mit ihr umgehen und alles Leben respektieren.

Wir glauben an Jesus Christus, weil er für uns ein Vorbild ist. Er hat für seinen Glauben gekämpft und ist schließlich auch dafür gestorben. Er war ein Mensch, war genau wie wir. Trotzdem hat er es geschafft, nach Gottes Willen zu leben. In Jesus ist Gott auf die Erde gekommen. Er gibt uns Hoffnung auf ein Leben nach dem Tod.

Wir glauben an den heiligen Geist. Er vergibt uns Sünden und Schuld. Er stärkt den Zusammenhalt der Gläubigen. Er schützt und behütet uns. Mit ihm können wir unsere Gedanken teilen. Er spendet Trost in schwierigen Lebenslagen. Er ist der Berater Gottes und der Menschen. Wir können ihn nicht sehen, doch es ist überall. AMEN.

CREDO EINER KONFIRMANDENGRUPPE AUS LEIPZIG-CONNEWITZ/LÖßNIG/
PROBSTHEIDA, STÖRMTHAL UND WACHAU. EINGESANDT VON REINHARD ENDERS

Ein ökumenisches Credo

Wir glauben an Gott, der die Liebe ist,
an Gott, den Vater, zugleich Mutter,
an den Schöpfer des Universums,
der uns geschaffen hat als Frau und Mann,
der uns in die Freiheit stellt,
Leben zu erhalten, Frieden zu fördern,
Sorge zu tragen für die Schätze der Erde, die uns allen geschenkt ist,
so dass die Menschen in Gleichheit und Gerechtigkeit leben können.

Wir glauben an Jesus Christus, den Bruder, Erlöser und Befreier,
geboren als Mensch in Israel von Maria,
erwählt, mit seinem Leben Gottes Nähe zu bezeugen,
er gab denen, die unter dem Gesetz litten, die befreiende Liebe
und fordert auf, jenen, die unter die Räuber fallen, Hilfe zu geben,
verkündet den Ausgegrenzten und Bedrückten die Parteinahme Gottes,
gekommen, zu heilen und zu entschulden:
den Gefangenen Freiheit,
den Blinden, dass sie sehen,
den Unterdrückten Befreiung;
gefoltert und getötet am Kreuz
von den Mächtigen unter Pontius Pilatus,
auferweckt zum Leben, zur Hoffnung für alle,
er befreit und eint uns weltweit,
ohne Rücksicht auf Entfernung,
inmitten religiöser, kultureller und politischer Verschiedenheit,
entgegen aller Trennung
miteinander und füreinander zu leben und zu entfeinden.
Er ruft uns zum dienenden Zeugnis,
entgegen der Macht der Starken und der Stärke der Waffen.
Wir glauben an den Heiligen Geist,
die Kraft des neuen Lebens in Christus,
der auch uns und alle Verhältnisse ändert,
der uns reich macht mit Mannigfaltigkeit in Einheit,

der uns sendet mit dem Ziel,
alle Menschen in neuer Gemeinschaft zusammenzubringen
durch ihn selbst, den in Vielfalt einzigen Gott, der uns allen,
die den Schrecken des Todes erfahren,
die Hoffnung zum Leben gibt.

AUS DEM PUBLIK-FORUM-DOSSIER »WIR LASSEN UNS DIE ÖKUMENE NICHT KAPUTTMACHEN«, IN *PUBLIK-FORUM* 18/2000

Die Allmacht der Natur

Ich glaube an die Natur,
Die Allmächtige,
Die Mutter aller Erscheinungen,
Die Verkörperung allen Lebens,
Das die *Luft* zum Atmen,
Das *Wasser* zum Gedeihen,
Das *Feuer* zum Wärmen und
Die *Erde* zum Leben
Braucht.

Ich glaube an das Rascheln der Blätter,
An das Rauschen des klaren Baches,
An den überspringenden Funken und
An das Aufspringen neuer Knospen.
Ich will dies verehren, anerkennen,
Loben und preisen.
Sonne, Mond und Sternen
Will ich wie Wegweisern aus dem Dunklen
Folgen.

Ich glaube an die Natur,
Mit der ich im Einklang leben
Und die ich bewahren will.

CORDULA ALLGÄUER UND PETRA HOFMANN, K12,
GABRIEL-VON-SEIDL-GYMNASIUM BAD TÖLZ

Größer als alle Möglichkeiten

Ich glaube, dass das gewaltige Universum
sich aus einem kleinsten Anfang entfaltet hat;
ich glaube, dass dieser Anfang
mit ungeheuren Möglichkeiten befrachtet war;
ich glaube, dass dieser Anfang gesetzt wurde
von einem Wesen, das größer sein muss
als die Möglichkeiten des Universums,
die wirklich wurden;
ich glaube, dass hinter diesem gewaltigen Entwicklungsprozess,
in dem vieles uns wie zufällig erscheint,
doch ein souveräner Plan steht,
den wir Menschen bisher erst nur in Teilbereichen durchschauen;
ich glaube, dass der Mensch
die Zielgestalt des sichtbaren Schöpfungsprozesses ist,
dass die Schöpfung in ihm gleichsam
die Augen aufschlägt, Herz und Hände bekommt,
sich aufrichtet in Eigenständigkeit und Verantwortung,
fähig wird zur Antwort der Liebe;
ich glaube, dass der Mensch den Sinn seines Lebens suchen muss,
weil er ihn finden kann;
ich glaube, dass der Mensch diesem Sinn dienen muss,
um frei zu werden
und ein erfülltes Leben zu führen;
ich glaube, dass im Tun und Handeln Jesu von Nazaret
Gott der Schöpfer sich für uns ein Antlitz gegeben hat
und erkennbar werden will
als aufrichtende, rettende Liebe,
die der Bosheit der Welt nicht weicht
und in scheinbarem Unterliegen
siegt mit neuem, gottgeschenktem Leben,
das Hoffnung gibt über den Tod hinaus;
ich glaube, dass die Intentionen des Schöpfers darauf abzielen,
dass die Liebe Jesu weiterwirken soll

unter uns Menschen:
in der Achtung voreinander,
in gegenseitigem Respekt,
in sorgendem Füreinander,
in der Zuwendung gerade zu den Armen, Trauernden
und an den Rand Gedrängten;
im Streben nach mehr Gerechtigkeit
und in der Bewahrung der Schöpfung;
ich glaube, dass so in Ansätzen sichtbar werden soll,
was *Reich Gottes* meint;
ich glaube, dass das Reich Gottes
– jenseits von Vergänglichkeit, Endlichkeit und Tod –
eine Zielgestalt finden soll,
die alles übersteigt,
was wir selber machen,
was wir ersehnen und wünschen können. Amen.

KLAUS LUTTERBÜSE, HAMBURG

Sinn der Schmerzen

Ich glaube an Gott
an einen Gott, der mich unendlich und bedingungslos liebt
ein Gott, der mir Mutter und Vater ist.
Ich glaube an Gott,
der mir die Freiheit lässt wegzugehen
einen Gott, der sich unendlich freut, wenn ich zurückfinde.
Ich glaube an Gott,
der mir Leben gibt,
wenn ich diese Welt verlasse
einen Gott, der mir dann offenbaren wird,
worin der Sinn der Schmerzen dieser Welt besteht.

STEFANIE LEIDINGER, LINZ (RHEIN)

Credos auf dem Prüfstand

Gläubige sind oft nicht fähig und deshalb auch nicht willens untereinander oder mit »Ungläubigen« über Religiöses zu sprechen.

Das entscheidend Christliche – Credo-Texte theologisch bewertet

Das Rezitieren vorgeprägter Formeln, oft in einer anderen Sprachform als der Alltagssprache, die Verwendung bildlicher Symbole, spezifische religiöse Handlungen wie »beten«, »seinen Glauben bekennen«, »seine Sünden bekennen« – sind heute immer weniger geläufig. Was aber, wenn solche Erinnerungen und Beobachtungen tatsächlich negativ, ja vielleicht geradezu mit traumatischen oder zumindest unangenehmen Erfahrungen besetzt sind? Dann verhindern sie religiöse Gespräche, statt sie zu fördern. Dabei sind Menschen, welche praktisch gar keine religiöse Sozialisation erfahren haben, oft religiös durchaus offen sind, aber sprachlich nicht in der Lage, ihre »Erinnerungen und Beobachtungen« anderen mitzuteilen. Gläubige und »Ungläubige« sind oft nicht fähig, angemessen über und von religiösen Situationen zu sprechen.

Dies zeigt sich ganz auffällig bei einer großen Zahl der Credo-Texte der *Publik-Forum*-Sammlung, wenn zum Beispiel zentrale Worte des Glaubens – Gott, Sohn Gottes, Heiliger Geist, Gnade, Erlösung, Kirche ... – entweder bewusst vermieden oder durch Umschreibungen ersetzt werden. Gerade das Wort *Gott* lässt sich anscheinend kaum mehr ungeschützt und unkommentiert verwenden. Drei Beispiele – alle drei von Frauen verfasst – mögen das dokumentieren. Zuerst Sätze aus dem Credo von Hildegard Nikodem:

»Ich glaube an eine Gottheit, unvorstellbar, unbegreiflich enthoben unserem begrenzten Wissen von Raum und Zeit, und doch erfahrbar tief in mir und in der Welt um mich herum.
Die Gottheit hat sich uns offenbart in Geschichte und Welt, in Tieren und Menschen, und auf ihre besondere Art und Weise offenbart sie sich Tag um Tag.
Ich bin in diesem europäischen Kulturkreis geboren und als Christ getauft. Jesus Christus ist für mich ein Mensch, der absolut mit der Gottheit verbunden war, total durch sie und mit ihr lebte. Er zeigt mir den Weg zu Gott; er offenbart mir begreifliche göttliche Eigenschaften.
Gott ist die Liebe, Güte, Gott ist Verständnis und Vergebung.
Ich darf der Gottheit immer vertrauen; ich bin in ihrer Hand geborgen. Von der Gottheit strömt eine Kraft aus, die alles durchdringt. Diese Kraft kann ich spüren und erfahren. Sie bringt mir Freude, Mut, Kraft und Gelassenheit. Es ist eine Gnade, in dieser Kraft zu stehen; es ist die Hilfe, abgrundtiefe Ängste und Dunkelheiten zu durchstehen.
Ich glaube, dass mit dem Tod nicht alles zu Ende ist, ich glaube, dass etwas Neues, total Anderes, Aufregendes, unglaublich Schönes beginnt. Gegen alle existierenden Widrigkeiten sage ich: Credo, ja, ich glaube!«

Ins Auge fällt sofort, dass hier nicht von Gott, sondern von einer »Gottheit« geredet wird, die außerdem ins Allgemeine gerückt wird, während das deutsche Wort »Gott« traditionell fast wie ein Eigenname gebraucht wird und eine gewissermaßen unendlich gedachte Person bezeichnet, die bei aller unendlichen Erhabenheit doch dem Menschen irgendwie ähnlich ist.

Mit der anonymisierenden Bezeichnung »eine Gottheit« ist zunächst einfach etwas bezeichnet, dem göttliche Attribute zugeschrieben werden. Aber vielleicht würde man besser sagen, dass es in der Tiefe der Wirklichkeit eine geheimnisvolle Dimension, Kraftquelle oder einen Impuls gibt, an die menschliche Vernunft und Forschung nie herankommt, die aber doch überall manifest wird. Vielleicht fällt sie deshalb vielen nicht auf. Das heißt, in der Tiefe der Wirklichkeit gibt es so etwas wie eine göttliche Dimension. Sie scheint eine Art Kraftquelle zu sein, von der positive psychische Energien ausgehen. Die ganze Erfahrungswelt des Menschen repräsentiert danach einen durchgehenden Offenbarungshorizont, in dem die »Gottheit« sich der Wirklichkeit manifestiert als eine Art Eigenschaft, die dem ganzen Universum eignet. Der Grund, warum die Bezeichnung »Gottheit« der Verwendung des Wortes »Gott« vorgezogen wird, dürfte darin liegen, dass auch das christliche Gottesverständnis mit seinen Symbolen, Metaphern für sie lediglich ein Interpretationssystem unter anderen ist. Freilich ist es durch Geburt und Taufe zu ihrem geworden und dazu möchte sie auch stehen – freilich ohne daraus irgendwelche Exklusivrechte abzuleiten.

Das besondere an Jesus war: Er gehörte zu den Menschen, die in einer so intensiven Gottesbeziehung standen, dass aus ihnen selbst begreiflich wurde, wie dieses Göttliche beziehungsweise diese Gottheit ist.

Es gibt in diesem ersten Beispiel also durchaus so etwas wie eine trinitarische Struktur. Der Vater beziehungsweise der Schöpfer ist das Unbegreiflich-Erfahrbare in Welt und Wirklichkeit. Der Sohn ist der Mensch, in dem das Göttliche begreifbar wird. Geist ist die ausströmende Kraft der Gottheit. Die vorliegenden Sätze des Credos präsentieren uns in schlichter Kürze nicht nur eine alternative Sprache, welche das traditionelle theologische Schema interpretiert, sondern einen alternativen, dynamischen Denkansatz, den man jedenfalls nicht einfach kurzschlüssig als *ketzerisch* beiseite stellen sollte.

In dem Credo von Elisabeth Gehrke heißt es:

»Ich glaube an Gott, das alles umfassende und alles durchdringende Du, das in mir ist und in dem ich bin.

Ich glaube an Gott, die Gestaltkraft allen sichtbaren und unsichtbaren Lebens, die auch in mir und an mir wirkt.

Ich glaube meiner Sehnsucht, die mich treibt dieses Geheimnis Gott zu suchen und die ich nicht selbst in mir entzündet habe.

Ich glaube an das Wort, das am Anfang gesprochen wurde, das auch mich gemeint und in die Beziehung geholt hat.

Ich glaube den Erfahrungen der alttestamentlichen Menschen, ich glaube dem Evangelium und ich bin überzeugt von den heilenden Begegnungen zwischen Jesus und den Menschen.

Ich glaube den Überzeugungen meiner persönlichen Ahnen und Ahninnen, die sagen, dass ich am Ende meines Lebens nicht ins Leere falle, sondern eingehe in das gesuchte Du.«

Das zweite Bekenntnis geht zunächst scheinbar in die entgegengesetzte Richtung. Es anonymisiert Gott nicht, sondern radikalisiert seine Personhaftigkeit. Gott ist die allumfassende Beziehung, die Person, das ansprechende und ansprechbare Gegenüber, das Beziehungsobjekt des Menschen schlechthin. Eine Beziehungserfahrung – so müsste man sagen –, die eine solche absolute Dichte und Tiefe erreicht, ist Gotteserfahrung.

Doch auch das zweite Bekenntnis kennt anonymisierende Elemente. Die »Gestaltkraft« allen Lebens lässt eher an eine Naturkraft denken, wie sie etwa heute von Biologen im Phänomen der Selbstorganisation im Naturgeschehen und bei der Entstehung des Lebens beschrieben wird. Die Suche nach diesem Geheimnis ist ebenso ein streng empirisch wissenschaftliches wie religiös-theologisches Unterfangen.

»Das Wort, das am Anfang gesprochen wurde« umschreibt das Schöpfungsgeschehen, personalisiert es aber gleichzeitig. Die Bedeutung zwischen den Zeilen lässt sich vielleicht etwa so wiedergeben: Wenn schon (im Blick auf Jesus) von Präexistenz, seiner Existenz vor seinem Erdenleben, geredet werden soll, dann bitteschön auch von *meiner* Existenz!

Wichtig ist schließlich für den Text: Das wichtigste Argument für die Entscheidung zum Glauben sind nicht solche theologisch-philosophischen Spekulationen, sondern die Erfahrungstraditionen, von denen die Bibel des Alten und Neuen Testamentes, aber auch die eigenen Vorfahren zeugen.

Kurz gefasst könnte man Elisabeth Gehrkes Credo vielleicht so wiedergeben: Ich glaube, dass ich von Anbeginn der Zeiten an gemeint und umfasst bin von jener personhaften Kraft, die alles Leben gestaltet. Deshalb glaube ich, »dass ich am Ende meines Lebens ... eingehe in das gesuchte Du«.

Der dritte Text von Rita Hausen macht auf den ersten Blick den konventionellsten Eindruck. Auch hier wird die trinitarische Form abgewandelt. Allerdings erinnert einzig die erste Strophe mit den Begriffen »Vater« und »Schöpfer« an das Original. Dagegen fehlt die traditionelle Allmachtsvorstellung völlig! Stattdessen betont auch Rita Hausen die Begegnungsdimension.

»Gott mein Vater
mein Schöpfer
der mich bekleidet
mit Licht und Liebe
der für mich sorgt
in seine Hand mich nimmt
mich schützt und birgt

Gott mein Geliebter
mein Freund und Bruder
der mir Brot ist und Wein
köstlich schmeckt seine Liebe
der Mensch für mich ist
der seine Hand mir gibt
und mich führt

Gott mein Atem
mein Herzschlag
der mir Leben gibt
mein Herz öffnet
mich sehen und hören lehrt
und mir die Schönheit zeigt
der in mir lacht und weint
singt und betet
der mich erleuchtet«

Im Grunde steht das Wort Gott für drei Erscheinungsweisen, Erfahrungshorizonte des Göttlichen. Von Jesus Christus (2. Strophe) und Heiligem Geist (3. Strophe) wird nur indirekt gesprochen, ohne dass Namen verwendet werden.

Gott wird erfahren als ein letztes Sorgendes und Bergendes, als Geliebter, Freund, Bruder, Brot und Wein, das heißt als Mensch für mich, schließlich als das mir Innerste, mein Atem und Herzschlag. Auch in diesem Beispiel geht es letztlich um eine neue Erfahrung mit Gott und keineswegs um eine neue Glaubenslehre, Dogmatik. Gott wird mit anderen Worten nicht definiert, sondern seine Erfahrung beschrieben. Diese Erfahrung unterscheidet sich freilich grundsätzlich von dem, was eine dürre traditionelle Theologie und Frömmigkeit bisher den Menschen als Gotteserfahrung unterstellen wollte.

Nun macht allerdings ein spezifisch religiöser Wortschatz oder Jargon allein noch keine religiöse Sprache aus, da fast alle Worte sich auf unsere Erfahrung und unsere Bindung an erste und letzte Wirklichkeit beziehen, Worte der Alltagssprache sind. Erst ihr Gebrauch und Kontext entscheidet im konkreten Fall, ob sie eine religiöse oder eine nicht-religiöse Bedeutung haben.

Es ließe sich als religiöse Sprache jener Wortschatz betrachten, der religiöse Bedeutungen ausdrückt und der in religiösen Situationen angemessen verwendet werden kann.

So gesehen stoßen wir natürlich sofort an eine neue Grenze: Der Begriff Religion, mit dem wir ständig operieren, ist ja Folge eines falsch verstandenen Sakramentalismus.

Im Blick auf ein gefordertes sowohl aufgeklärtes wie religiöses Verhalten zur Wirklichkeit zeigt die gegenwärtige religiöse Situation, dass sich religionskritische und naiv vorkritische Einstellungen durchaus mischen. In manchen Credotexten des *Publik-Forum*-Projektes finden sich dezidiert kirchenkritische Passagen neben zum Teil abenteuerlichen esoterischen Vorstellungen.

Ich möchte Ihnen nachfolgend einen Text vorstellen, der sich direkt gegen ein magisches Wort- und Sakramentsverständnis ausspricht und damit typisch ist für ein eher rationales Verhältnis zur Religion. Der Text von Dieter Göltenboth lautet:

»Ich bin ein Mensch,
meine Sekunden sind gezählt.
Ich kann nicht warten, bis mich Götterlaune
– vielleicht – entdeckt.
Hier und jetzt,
auf staubiger Erde,
inmitten von Gestank, Krankheit und Tod
will ich mein Glück.
Was jetzt nicht ist, ist nicht,
wird niemals sein.

Kein schöner Bild vom Himmel malt Ihr mir
als diesen einen Augenblick lustvoll gelebt
auf dieser Welt,
deren Dreck selbst ist ›der Weisheit letzter Schluss‹.

So hört mir auf mit Euren Geschichten
vom ›wahren Glück‹ – die allerfeigste Maske –.

Mir braucht kein Gott aus Wasser Wein zu panschen,
das klare Wasser ist mir lieber.
Gönnt mir den Schluck,
als einem, der an Euren Quellen es versuchte ...
Und nicht ein Tropfen war die Beute.«

Man kann diesen Credotext als Protest gegen ein magisch-esoterisches Christentumsverständnis verstehen. Dabei steht jeder Provokation eine bestimmte theologische oder dogmatische Auffassung gegenüber, die der Verfasser wohl als Kind und junger Mensch als verbindliche christliche beziehungsweise kirchliche Lehre verinnerlicht hat. Dieter Göltenboth ist sich durchaus seiner menschlichen Grenzen, seiner Sterblichkeit und Verletzlichkeit bewusst. Dennoch ist er nicht bereit, sich einer launischen Gottheit zu unterwerfen. Offensichtlich hat er den christlichen Gott als ein launisches Überwesen verinnerlicht. Ein theologisch problematisches Verständnis von Erbsünde, Kreuz und Opfer mag das seine zu diesem Eindruck beigetragen haben. Ein solcher launischer Gott, den man sich via Kirche, Priester und Sakramente erst amtlich in Erinnerung bringen muss, ist ihm unerträglich.

Hier und jetzt will er sein Glück, das heißt: die Erfüllung seines Lebens. Sinn muss im Leben sein, denn man hat nur dieses Leben. Wieder muss man dahinter ein Erlösungsverständnis vermuten, das Heil, Erlösung, Versöhnung, Vollendung als etwas rein Jenseitiges versteht. Göltenboth würde sich wohl vorbehaltlos Heinrich Heines Diktum anschließen: »Den Himmel überlassen wir den Engeln und den Spatzen!« Wenn es so etwas wie eine göttliche Verheißung für den Menschen gibt, dann muss sie dieser gelebten und erlebten Wirklichkeit gelten, nicht einer fantasievollen Paradieserwartung.

Was für Geschichten »vom wahren Glück« unser Autor wohl gehört haben mag? Etwa: »Nur brave Kinder kommen in den Himmel«? »Nur wer den rechten Glauben hat, kann gerettet werden«? »Nur wer die Sakramente regelmäßig empfängt, alles glaubt, was ihm die Kirche zu glauben vorlegt, Glaubenszweifel unterdrückt. Ja, ein versöhnlicher Unterton schwingt mit, wenn er fast bittend darum wirbt, dass man ihn in Frieden ziehen lasse, um den verschütteten Zugang zur Quelle, den sie (die Amtskirche?) nicht mehr zu öffnen vermochte, weil er ihr schon lange in Vergessenheit geraten ist, selbst zu suchen, wie einst Gilgamesch das Kraut des Lebens in den Tiefen der Meere. Das klingt nach Abschied, auch wenn es vielleicht nicht so gedacht ist, etwas trotzig, aber auch resigniert. Dennoch enthält dieses tief emotionale Plädoyer für eine rational nachvollziehbare Religiosität Gedanken, die in der Tat zentrale Überzeugungen zur Sprache bringen, die ein Glaube, der sich wahrhaft an Jesus von Nazareth und seine Gotteserfahrung hält, auf keinen Fall außer Acht lassen darf und ohne die er nicht mehr bei seiner Sache wäre:

– kein Willkürgott, der mit dem Menschen spielt;
– ein Gott, der mit dem Menschen ist, hier und heute, mitten in der Welt; keine billige Vertröstung aufs Jenseits;
– Erlösung, Heil, Befreiung dieses Lebens, dieser Welt und Geschichte;
– der unverstellte Jesus und seine unverstellte Botschaft;
– keinen frommen Zauber, kein benebelndes Brimborium, sondern das nüchterne, theologisch nicht verkomplizierte schlichte Evangelium als Quelle, von der jeder Mensch trinken kann;
– die Freiheit, seinen eigenen Weg zu/mit Gott zu gehen.

Ich habe bei der Interpretation des Credo-Textes von Dieter Göltenboth, ohne darüber Rechenschaft zu geben, bestimmte Verfahrensweisen und Methoden verwendet, die über die reine Exegese weit hinausgehen. Denn Ziel traditioneller exegetischer Methodik ist es, einen Text historisch-kritisch aus seinen ursprünglichen Entstehungsbedingungen heraus zu verstehen. Was wollte der Autor damals sagen? Die nachfolgenden Textbeispiele aus dem Credo-Projekt sollen das Prinzip der positiven Absicht etwas verdeutlichen. Der Inhalt zeigt eine ausgeprägte Nein-Aber-Struktur, die als bewusstes Stilmittel einsetzt und bis zum letzten Abschnitt durchgehalten wird, wo dann abschließend in einem Denn-Satz zusammenfassend der Grund dafür angegeben wird, warum der Autor, Ralf Sauer, trotz aller kritischen Vorbehalte dennoch davon überzeugt ist: Christlicher Glaube hat Zukunft:

»Ich glaube nicht an die Bibel – aber ich glaube an die Kraft und Lebendigkeit der Botschaft Jesu, die sie zum Ausdruck bringt

ich glaube nicht an die sich jährlich wiederholende Karfreitagsliturgie – aber ich glaube an den Tod und die Auferstehung Jesu, der uns so Hoffnung und Zuversicht gibt ich glaube nicht an stundenlange monotone Rosenkränze – aber ich glaube an die gut-tuende Nähe Gottes im Gebet und den daraus entstehenden intensiven Kontakt zu ihm

ich glaube nicht an den unumstößlichen Katechismus – aber ich glaube an nachvollziehbare Worte Jesu, die mir helfen im Leben zurechtzukommen und die für mich verständlich sind

ich glaube nicht an moralische Predigten von Männern, die sowieso alles besser wissen – aber ich glaube an die Taten der Menschen, die aufstehen, etwas unternehmen, aktiv werden ohne sich einschüchtern zu lassen oder zuerst an ihre eigenen Vorteile zu denken

ich glaube nicht an Probleme und Schwierigkeiten, nicht an Gewalt, Verbrechen oder Unmenschlichkeit – aber ich glaube an Gott als gute Mutter und guten Vater für alle Menschen auf dieser Erde – an ihn dürfen wir uns immer wenden, er lässt uns nie alleine

ich glaube nicht, dass unser christlicher Glaube ohne Zukunft ist – denn ich glaube an die Träume, Sehnsüchte und Wünsche vieler Menschen – an ihre Stärke, Ausdauer, Kreativität – und an die aufbrechende und alles lebendig machende Kraft des Heiligen Geistes«

Die ständig wiederholte Formel »Ich glaube nicht ... « erweckt zunächst einen eher abweisenden Eindruck. Einerseits scheint der Text eine radikale Generalabrechnung mit der christlichen Tradition zu präsentieren und auf ein deutliches »Auswahlchristentum« (Zulehner) hinauszulaufen. Zentrale Stücke werden in Frage gestellt: das Bibelverständnis, das Erlösungsverständnis (Karfreitagsliturgie), die traditionelle kirchliche Frömmigkeit (Rosenkranz), die Autorität der amtlichen Verkündigung (besserwisserische Männer), die kirchliche Jeremiade über die böse Welt (Probleme und Schwierigkeiten ...). Dem scheint Ralf Sauer autoritativ sein persönliches Glaubensverständnis entgegenzustellen, in der Attitüde: Jesus ja – Kirche nein. Damit befände er sich allerdings in guter Gesellschaft mit vielen zeitgenössischen Christinnen und Christen. Sieht man aber weiter auf die zweite Spalte, in der er seine Glaubenssicht entwickelt, erkennt man, dass er auf manche offenbar destruktiv erlebte Erfahrungen mit der (katholischen) Kirche konstruktiv antwortet, wobei seine Antworten zum

Teil den Punkt der Kritik deutlich machen. Die Aber-Formulierungen zeigen gleichzeitig, was der Autor erwartet, und lassen umgekehrt verstehen, was er so schmerzlich vermisst.

So wie man ihm die Bibel nahe gebracht hat, konnte er kaum einen persönlichen Zugang zur eigentlichen Botschaft finden. Erst nach vielen Frustrationen hat er gelernt, dass nicht der Bibeltext, sondern der, den dieser Text bezeugt, lebendige Botschaft ist. Die Karfreitagsliturgie hat er wohl als steriles Totengedächtnis erlebt, dem er nun seine spätere Erfahrung von lebendiger Hoffnung und Zuversicht in Jesus entgegensetzt. Der Katechismus steht hier für kirchliche Lehre, Verkündigung und Theologie. Sie war für ihn nicht nachvollziehbar, weil er in ihren Formeln offensichtlich die Worte Jesu nicht wiederzufinden vermochte. Durch seine (späte?) Bibellektüre erst ist für ihn Jesus in seiner Botschaft verständlich und nachvollziehbar geworden. Taten statt Moralpredigten von Besserwissern (kirchlichen Amtsträgern, Priestern, Bischöfen, Papst?) möchte er sehen. Er distanziert sich von einer katastrophisierenden Weltsicht, die überall die Probleme, das Negative, Unmenschliche in den Vordergrund stellt, und stellt ihr seinen Glauben an einen guten Gott, der für das Positive steht, entgegen. Die letzte Aussageeinheit geht über zu einer Negation christlicher Zukunftsangst: Christentum hat Zukunft! Hier nennt Ralf Sauer den eigentlichen Grund für seine Zuversicht: »Die Träume, Sehnsüchte und Wünsche ..., die Stärke, Ausdauer und Kreativität« vieler Menschen, die er mit der »Kraft des Heiligen Geistes« zusammensieht.

So könnte man Sauers Credo in die positive Absicht zusammenfassen: Ich will die religiöse Resignation überwinden; ich resigniere nicht angesichts der real verwirklichten Kirche am Christentum; ich verlasse die Solidargemeinschaft der Menschen nicht, denn ich glaube an die unkonventionell-kreative Kraft eines Heiligen Geistes, die in vielen Menschen wirkt – Kirche hin oder her!

Die positive Absicht des folgenden zweiten Textes ist sehr viel schwieriger zu erkennen. Gibt es überhaupt eine? Er scheint so konsequent in seinem Pessimismus, dass man beim Lesen unwillkürlich in die Opposition geht, um nicht selbst depressiv zu werden. Was will Rudolf Jirkas »Anti-Credo«? Doch lesen wir selbst:

»Ich glaube an einen Gott, der dem Menschen seine volle Freiheit gab, aber ihn in der Kälte völlig allein lässt.
Ich glaube an einen Gott, der sich aus seiner Verantwortung für seine Schöpfung gestohlen hat.
Ich glaube an einen Gott, der sich den Menschen von seiner dunklen und kaum von seiner lichten Seite zeigt.
Ich glaube an einen Gott, der sich nicht finden lassen möchte.
Ich glaube an einen Gott, der ungeachtet allen Bittens seinen Geist nicht aussendet.
Ich glaube an einen Gott, der in seinem kosmischen Plan keinen Platz für das menschliche Glück vorgesehen hat.
Ich glaube an einen Gott, der die allergrößten Schweinereien zulässt, die sich Menschen ausdenken können.
Ich glaube an einen Gott, der die Menschen trotz aller Bemühungen sang- und klanglos scheitern lässt.
Ich glaube an einen Gott, der angesichts des menschlichen Leids völlig gleichgültig bleibt.
Ich glaube an einen Gott, der kein Erbarmen kennt.
Ich glaube an einen Gott, der die Schreie aus Not, Elend und Verzweiflung nicht hört, geschweige denn erhört.
Ich glaube an einen Gott, durch den die Dürstenden verdursten
die Hungernden verhungern
die Armen immer ärmer und die Reichen immer reicher werden
die Kranken und Drogenabhängigen elendig dahinsiechen
die Nackten unbekleidet bleiben
die Gefolterten noch mehr Qualen erleiden
die Soldaten sinnlos ihr Leben verpulvern
die Einsamen ohne Freunde und Freude auskommen müssen
die Liebenden nicht wieder geliebt werden
die Unbehausten keine Bleibe finden
die Arbeitslosen vergebens nach Arbeit suchen
die Trauernden nicht getröstet werden
die Tränen weiterhin reichlich fließen

Warum?

Ich glaube an einen Gott, der da sagt:
›Wer an mich glaubt, lasse alle Hoffnung fahren.‹«

Will Jirka nur provozieren, andere mit in seine düstere Welt ziehen? Gibt es für ihn überhaupt irgendeinen Lichtblick, der es rechtfertigen würde irgendeinen Sinn im Leben anzunehmen. Kommen wir gegenüber einer so furchtbar pessimistische, depressive, ja destruktiven Transzendenzerfahrung mit unserer Frage nach der positiven Absicht nicht an eine Grenze, die wir nun einfach als gegeben hinnehmen?

Den Sinn des Leides, das einen Menschen getroffen hat, kann man ihm nicht vermitteln. Das bleibt, wo es trotzdem versucht wird, stets nur leeres Geschwätz. Der Sinn des Leides lässt sich nicht wegerklären. So bleibt – das ist die einzige Lösung, die ich persönlich sehe – allein die Solidarität mit dem leidenden Menschen selbst. Mit ihm gilt es die Trostlosigkeit auszuhalten, ihn auf seinem Weg durch die dunkle Nacht eines sinnlosen Schicksalsschlages, der ihn aus seiner Bahn geworfen hat, geduldig zu begleiten, bis er jenseits des Abgrundes neues Land zu sehen vermag und eine neue Möglichkeit und Perspektive zu leben findet.

Es ist beunruhigend, dass sich in Jirkas Text nichts von dieser Möglichkeit findet. Bezeichnenderweise kommt auch Jesus Christus nicht vor, nicht einmal zwischen den Zeilen. Der Gedanke, dass dieser als der Gekreuzigte nicht nur einer war, der Mitleid hatte mit anderen, sondern selber einen sinnlosen Tod erlitt, dass Gott sich gerade in diesem Geschehen als ein Gott der Niedrigen, Vergewaltigten, Leidenden und Schwachen erwies, wird ausgeklammert. Was zurückbleibt ist ein theoretischer Gott, ein Gotteskonstrukt, dass das Gottesbild, das hier aus der menschlichen Erfahrung abgeleitet wird, nur eine menschliche Vorstellung ist. Transzendenz meint das ganz andere, eine Sichtweise, welche die geistige Beschränktheit menschlicher Wissenschaft und Erkenntnis einsieht und in Rechnung stellt. Weil der Glaube fehlt, dass menschliches Leiden und menschliche Bosheit durch menschliche Solidarität, Empathie und liebende Zuwendung integriert werden kann in die eigene Lebensgeschichte und in den Lebenszusammenhang mit anderen Menschen, bleibt letztlich nur noch Gott übrig, dem man die Schuld für alles anlasten kann. – Und Gott schweigt, weil er nur dort überhaupt vorkommen kann, wo Menschen sich einander zuwenden und bereit sind, über sich selbst hinauszuwachsen. Nein, Gott gibt es nicht ohne Humanität, nicht ohne die Menschlichkeit des Menschen. Das ist die entscheidende Erfahrung, die wir Jesus von Nazareth verdanken.

Fürs erste ist jedenfalls feststellen: Zentrale Anliegen der Botschaft Jesu werden in der Mehrzahl der Credos durchgängig zur Sprache gebracht, denen die traditionelle christliche Bekenntnistradition bisher kaum Rechnung getragen hat.

Bei allem Respekt gegenüber den Autoren des apostolischen und nizänokonstantinopolitanischen Glaubensbekenntnisses – diese ehrwürdigen Glaubenssymbole sind nur noch sehr eingeschränkt dazu in der Lage, den eigentlichen Kern der Guten Nachricht Jesu für Menschen unserer Zeit zur Sprache zu bringen, und dies betrifft auch das Gottesverständnis selbst. Was Christen und Christinnen wirklich glauben, was ihnen in Jesus von Nazareth von Gott offenbar wird und geworden ist, muss neu gesagt werden. Daran führt kein Weg vorbei. Ein Glaubensbekenntnis, bei dem der Christenmensch der Gegenwart in ständigem geistigem Vorbehalt seiner eigenen persönlichen Überzeugung fast jeden Glaubenssatz persönlich in seinen Gedanken uminterpretieren oder unterlaufen muss, um den Text im Gottesdienst überhaupt noch mitsprechen zu können, ist auf Dauer für das Christentum zerstörerisch. So werden die Kirchen bei allen zu erwartenden Schwierigkeiten nicht umhin kommen, die anstrengende Arbeit an neuen gemeinsamen Glaubensbekenntnissen auf sich zu nehmen.

Ich spreche hier bewusst im Plural. Im Zeitalter individualisierter Religiosität kann es keine uniformen Sprachregelungen des Glaubens mehr geben. Die Suche nach der Gemeinsamkeit in der Vielfalt des Christlichen wird von Generation zu Generation immer weiter gehen müssen. Wo die Suche behindert wird, wird auch das Christentum behindert, wo sie aufhört, hört auch das Christentum auf eine menschenverbindende Religion zu sein.

PROF. URS BAUMANN, TÜBINGEN
(Aus einem Redemanuskript, redaktionell gekürzt.)

Konkret und nicht greifbar

nicht zufall
nicht urknall
nicht unfall kosmischer kräfte und gewalten
sondern
von anfang an:
Die Liebe

nicht allgemein
vorhandensein
von licht und schein
sondern konkret
mit namen und adresse
jesus von nazareth
festgenagelt an einen kreuz:
Die Liebe

und doch
nicht greifbar
nicht haltbar
nicht begründbar
sondern noch nach dem tod
ergreifend
haltend
gründend die gemeinschaft der empfangenden
die eines glauben:
Die Liebe

MATTHIAS TROMMLER, RADEBEUL

Das Neue Sein

Ich glaube an Gott,
der immer schon da war und immer sein wird,
der stets da ist,
wohin ich mich auch wende, wohin ich auch laufe,

der mich
und alles,
was ich sehe und was ich nicht sehe,
gemacht hat,
der das Feld meines Lebens vor mir ausbreitet
den Weg ausmisst, den ich gehen soll,

der mich fragt, was ich aus diesem Leben mache.

Ich glaube,
dass Gott mir wie ein Vater und eine Mutter ist,
»dass nichts uns trennen kann von seiner Liebe,
weder Tod noch Leben
weder Gegenwärtiges noch Zukünftiges,
keine Macht noch irgend etwas Geschaffenes«.

Ich glaube.
dass diese Liebe den Menschen sichtbar wurde in Jesus,
der mit Gott eins war, ihm nicht entfremdet,
der in Gottes Vollmacht sprach;
in Jesus,
der die Menschen ansah in ihrer Not und sie liebte,
der kompromisslos alles daran setzte,
sie für das Gottesreich zu gewinnen,
der dafür Hass und Leid ertrug
bis zum Tod am Kreuz,
ein teuer erkauftes Unterpfand
für die unwandelbare Liebe Gottes,
die in die tiefste Verzweiflung hinab reicht.

Ich glaube. dass das heilvolle Neue Sein,
das in Jesus sichtbar wurde,
mit seinem Tod nicht zu Ende war,
dass sein eindringliches Werben für das Gottesreich
auch uns heute gilt,
dass er lebt,
dass sein Geist bei uns ist
und dass die Gemeinde derer,
die zusammen seinen Weg zu gehen suchen,
der auferstandene Leib Christi ist,
in dem einer für den anderen wie Jesus sein darf.

Ich glaube,
dass jeder, so wie er ist,
ohne jede Vorleistung
neu damit anfangen kann,
der Einladung von Jesus zu folgen;
und dass für keinen Menschen
auf der Erde
jemals im Leben
alles verdorben und vertan ist.

Ich glaube,
dass wir die Vollendung erfahren werden,
die wir jetzt nur ahnen,
dass wir dann mit Gott eins sein werden
und den Frieden finden.

Amen, das ist gewiss.

HERMANN HENSSEN, OVERATH

Wir nennen es Gott

Ich glaube an ein Wesen,
das jenseits der Welt menschlicher Erfahrung existiert,
für uns unerfassbar, unbegreifbar,
ohne Anfang und ohne Ende, nicht gebunden an Raum und Zeit,
Person, nicht allgemeines Prinzip.
Wir nennen es Gott.

Ich glaube, dass durch den Willen Gottes
das Universum entstand.
Im Anfang entstanden Raum und Zeit, Materie und die Gesetze der Natur.
Durch seinen Willen entstanden die kleinsten Bestandteile der Atome
und die größten Galaxien,
durch seinen Willen entstand das Leben, Pflanzen, Tiere und Menschen.

Ich glaube, dass Gott die Menschen liebt
und dass er sich den Menschen offenbart hat durch Zeichen
und durch Propheten.
Besonders hat er sich offenbart durch Jesus,
der aus dem Volk Israel hervorging,
geboren wurde in geschichtlicher Zeit
und Gott näher stand als jeder andere Mensch.
Wir nennen ihn seinen Sohn.
Wir glauben, dass er selbst Gott ist.

Jesus verkündete die Liebe Gottes zu den Menschen
und gebot den Menschen,
Gott und den Nächsten gleichermaßen zu lieben.
Er erlaubte uns, Gott »Vater« zu nennen.
Seinem Auftrag und seiner Überzeugung blieb er treu bis in den Tod.
Unter Pontius Pilatus wurde er gekreuzigt, ist gestorben
und wurde begraben.
Durch seine Treue versöhnte er die Menschen mit Gott.
Doch Gott ließ ihn nicht im Tod; er gab ihm neues Leben,
und seine Anhänger haben ihn gesehen, gesprochen und mit ihm gegessen.

Ohne dass er erneut den Tod erlitt, nahm Gott ihn auf in seine Herrlichkeit.
Dort lebt er in ewiger Gemeinschaft mit dem Vater,
vereint im Heiligen Geist.

Seine Anhänger gründeten eine Gemeinschaft,
die sich über die ganze Welt verbreitete
und seine Botschaft weiter trug, die christliche Kirche.
Ich glaube, dass der Geist Gottes in ihr ist.

Ich glaube, dass es auch nach dem biologischen Tod des Menschen
ein Leben gibt, für uns noch unbegreiflich und unvorstellbar.
Doch auf das Wort Jesu hin hoffe ich auf die Auferstehung
des ganzen Menschen
und sein Weiterleben im ewigen Reich Gottes.

HORST GRAEBE, ESSEN

Spürbar

Ich glaube, dass Gott Tag und Nacht bei mir ist, dass er mir hilft und mir jeden Tag aufs Neue zuhört.
Wenn ich mit Menschen zusammen lache, dann ist das für mich Frieden. Gleichzeitig verbindet es mich auch mit ihnen.
Das Meer und der Wind geben mir ein Gefühl von Freiheit und geben mir neue Gedanken.
Ich weiß, dass Gott mich auf meinem Lebensweg begleitet und mir mit Rat und Tat zur Seite steht. Vielleicht nicht immer sichtbar, aber spürbar.

SARAH FRERIX, KATH. RELIGIONSKURS 11. KLASSE,
KURT-SCHUMACHER-SCHULE, KARBEN

Frage und Antwort

Öffne und weite mich
für Deine Wirklichkeit,
mein Gott,
Diener des Lebens.
Seit ich weiß,
dass Du Dich all Deiner Macht
begeben hast,
damit wir sein können
in Freiheit,
seither ahne ich
was es heißt,
Dich zu lieben:
Dich staunend erkennen.
Dich in unsere Welt zurückbringen.
Deine Gegenwart in der Welt ausbreiten.
Wir tragen Verantwortung für Dich.
Du bist die Frage.
Wir sind die Antwort.

Dir begegnen,
wie dem Lächeln und
der kleinen Zuwendung
eines Mädchens im
Vorübergehen –
bin beunruhigt und entzückt.

Dich wahrnehmen
im umhüllenden, kühlen
Abendwind
nach einem langen
Sommertag –
erfrischt und beglückt
atme ich auf und bin berührt.

Wenn wir uns begegnen,
beginnt eine unerschöpfliche Quelle
zu fließen.
Zeit und Energie entstehen,
Kraft und Mut,
Hand in Hand
für das Leben,
für Deine Geschöpfe und ihre Würde
zu arbeiten und zu kämpfen.
Du heiligst das Leben
und
in den Laboratorien des Geistes
lehrst Du uns,
unsere Hoffnung zu bauen.
Amen

HELMUT DIETTER, HERRENBERG

Gute und gütige Macht

Ich glaube –
ja ich weiß nicht, ob ich es immer wirklich glaube,
ich möchte daran glauben, das wäre wahrhaftiger gesagt.

Ich glaube, dass uns Menschen eine gute und gütige Macht trägt,
dass wir gewoben sind aus etwas, das alles überdauern kann –
was Theologen als Ewigkeit bezeichnen.
Ich glaube, dass jeder Mensch um ins Dasein zu kommen eine positive Bejahung erfahren hat, von einer unsichtbaren, geistigen Kraft und Macht, die wir als Göttin/Gott oder Urgrund allen Seins bezeichnen.

Ich glaube, dass SIE aus Liebe und Freude den Kosmos, das Weltall, die Erde und alles, was darauf lebt, ins Dasein gerufen hat und entstehen ließ.

Ich glaube, dass SIE Interesse am Leben und Glück eines jeden Menschen hat.

Ich glaube, dass SIE uns Jesus als Bruder, Freund und Geliebten geschenkt hat um uns ein Beispiel und Zeugnis zu geben, wie wir als Menschen miteinander leben sollen.
Jesu Beispiel und Leben machen mir Mut, dass auch ich heute leben und wirken kann wie er, wenn ich auf die positive, geistige Kraft Gottes vertraue.
Ich glaube, dass SIE Heilung (von allen Ängsten und Zwängen) und Heil (im Sinne eines Heil-Seins) auch heute durch mich für andere erfahrbar machen möchte.
Ich glaube, dass Jesus uns durch seine Konsequenz der Liebe, die er bis in den Tod durchhielt, gezeigt hat, wie SIE scheinbar »ohnmächtig« unter den Menschen wirkt.

Ich glaube, dass die Liebe stärker ist als alle anderen Mächte und dass sie den Tod überwindet. Deshalb weiß ich mich auch verbunden mit allen, die den Weg auf dieser Erde schon vor mir gegangen sind und die nun in Gottes Licht und Liebe leben. Ich vertraue darauf, dass ich nach meinem Leben auf dieser Erde, vereint mit allen, in dieser Liebe leben darf.

Ich glaube, dass SIE uns an allen Tagen unseres Lebens nahe ist und uns immer liebt. Ich glaube, dass SIE uns Kraft, Stärke und Mut schenkt die Herausforderungen jeden Tages neu anzunehmen. Auch in unserer Verzweiflung, in unserem Verstricktsein, in unserem Nicht-wollen und in unserer Schuld ist SIE uns nahe und will uns herausführen in Freiheit, Freude und Glück.

Ich glaube, dass Gottes »ruach«, die lebendige Geistin, in allen Menschen, Nationen und Völkern wirkt und das Heil und Glück aller will. So glaube ich auch, dass es verschiedene Wege zu Gott und zum Heil gibt und diese nicht an eine Kirche gebunden sein müssen.

Ich freue mich, dass SIE stets für Überraschungen in meinem Leben sorgt, auch wenn diese nicht immer leicht für mich anzunehmen sind – aber deshalb liebe ich DICH so innig ich es vermag.

Amen

GABRIELE HERZ, HOHENPEISSENBERG

Mal mehr mal weniger

Ich glaube
Obwohl nichts zu sehen
Ich glaube
Obwohl nichts zu hören
Ich glaube
Obwohl nichts zu fühlen, schmecken, spüren
Ich glaube
Weil mit den Sinnen nichts zu vernehmen
Ich glaube
Weil nichts zu beweisen
Ich glaube
Weil in mir eine Gewissheit wächst
Jeden Tag
Mal mehr mal weniger
Dass der Schöpfer
Mich in diese Welt hineingestellt hat
Mal mehr mal weniger
Dass ich übers Versteh- und Fühlbare hinaus
Heute geliebt bin
Mal mehr mal weniger
Dass ich meiner Zukunft nicht sorglos
Aber mit Hoffnung begegnen kann.
Ich glaube.

THOMAS BÜRGER, DARMSTADT

Immer bei mir

Ich glaube, dass es jemanden auf dieser Welt gibt,
Gott,
der uns geschaffen hat.
Ich glaube, dass Gott überall ist und immer unter uns.
Er ist immer für uns da, wann immer wir ihn brauchen.
Man kann mit diesem Gott reden, ihm alles anvertrauen.
Glaube ist Vertrauen auf die Liebe Gottes.

Ich glaube an mich als Geschöpf Gottes.
Ich glaube, dass egal was ich mache, tue oder sage, Gott immer meine Freundin sein wird.
Ich glaube, dass Gott mich begleitet bei allem, was ich mache und denke, und dass sie mich immer irgendwie in die richtige Richtung führt.
Ich vertraue darauf, dass mich die Liebe Gottes gerade in Schwierigkeiten, in auswegslosen Situationen begleitet, führt,
mich auffängt und trägt.
Ich glaube, dass Gott mich immer wieder aufnimmt, egal wie weit ich mich von ihm verlaufen habe.
Ich glaube, dass Gott auch Verständnis hat für meine Zweifel, die mich immer wieder mal quälen, meine Zweifel am Glauben und an den Menschen.
Ich glaube, dass Gottes Kraft in mir wirkt und mein Leben gut sein lässt. Ich glaube an die Menschen, ich glaube, Gott mag sie.

Ich glaube an die Kraft der Liebe und das Gute im Menschen, die Kraft, die von einem Lächeln ausgeht oder von der Musik.
Ich glaube an die Leidenschaft, an das Feuer in mir und dass Gott mich mit aller Schwere und Verrücktheit umfasst und durchfließt.
Ich glaube, dass ich ein klein wenig bewirken kann in der Gesellschaft und in der Kirche durch die Arbeit in der Katholischen Landjugend-Bewegung.
Ich glaube an die Hoffnung, die mich jeden neuen Tag als ein Geschenk Gottes erwarten lässt, als eine Chance, Freundschaften zu schließen, Menschen zu helfen, glücklich zu leben.

Ich glaube an das Leben in Fülle, das du uns versprochen hast, mit all seinen Farben, seiner satten Vielfalt, mit all seiner Liebe.
Ich glaube, dass mich bestimmt noch einiges Schöne im Leben erwartet.

EINSENDER: RALPH NEUBERTH
(AUS CREDO-BAUSTEINEN DER TEILNEHMERINNEN BEIM GOTTESDIENST DES LANDESAUSSCHUSSES DER KLJB BAYERN AM 06.11.1999 IN DER WIES/STEINGADEN)

Um anderes bitte ich nicht

Ich erkenne vor Gott, dem Freundlichen
und vor allen Menschen guten Willens,
dass ich Gutes und Güte, Liebes und die Liebe
suche und finde, denke, sage und tue.
Mehr erkenne ich nicht.
Ich lebe und liebe jetzt
mit Körper und Geist, mit Leib und Seele,
durch die schöpferische Kraft es Vaters,
durch das liebende Vorbild des Sohnes,
durch die ansteckende Begeisterung des Geistes.
Weniger tue ich nicht.
Darum bitte ich alle, die ich liebe,
und jene, die mich lieben,
und euch, meine Geschwister
mit mir für uns zu beten und zu betteln
bei ihm, der unser Gott ist,
bei ihm, der nichts als Liebe will.
Um anderes bitte ich nicht.
Der menschenfreundliche Gott sei uns nahe.
Er stärke unsere Sehnsucht
und führe sie und uns zur Erfüllung.
Schöneres erwarte ich nicht.

HELMUT ALENFELDER, SIEGBURG
(GESCHRIEBEN IM GEGENSATZ ZUM LITURGISCHEN SCHULDBEKENNTNIS)

Voll und ganz

Ich vertraue voll und ganz auf Gott,

den Ursprung allen Seins,
den immer Gewesenen,
den nie Vergehenden,
den Schöpfer alles dessen, was war, was ist und was sein wird,
den Geheimnisvollen, alles Umfassenden,
der alles in seinen Händen hält,
den Allmächtigen, der mir auch gütiger Vater und tröstende Mutter ist,
der gerechter ist, wie es gerechter nicht sein kann,
der die Liebe ist, der mich kennt.

Ich vertraue voll und ganz auf Gott,

der Jesus von Nazareth bevollmächtigt und beauftragt hat, durch sein ganzes Leben, sein Reden und Wirken zu zeigen und zu bezeugen, wer und wie Gott wirklich ist.
Jesus konnte das tun wie kein anderer vor und nach ihm auf Grund der ihm verliehenen besonderen Verbundenheit mit Gott.
So ist durch Jesus Gottes Wort Fleisch geworden, ist Gott selbst in die Welt gekommen.
Jesus musste sterben als Mensch durch die Schuld der Menschen. Als angeblicher »politischer Rebell und König der Juden« wurde er von Pilatus zum grässlichen, schimpflichen Tod am Kreuz verurteilt.
Dieser Tod aber führte nicht ins Nichts, sondern in die lebendige Wirklichkeit des lebendigen Gottes. Seither wissen wir, dass der Tod für uns Menschen nicht das Ende, sondern das Tor zum Weg in Gottes Hände ist.

Ich vertraue voll und ganz auf Gott,

auf die immer und überall vorhandene Wirkkraft Gottes, den Geist Gottes, den wir den Heiligen Geist nennen, also auf Gott selbst. Gott ist Geist (Joh. 4,24).

ALFRED BAUSCHERT, ESSLINGEN

Gott,

Du Schöpfer und Bewahrer allen Seins, Du hast mit Raum und Zeit
den Kosmos und unsere Erde geschaffen.
Wie wunderbar bist Du!

Du hast in unsagbarer Schönheit und Vielfalt das Leben werden lassen
und mit uns Menschen auch mich.
Wie unbegreiflich bist Du!

Du hast in Jesus uns Dein Herz geöffnet.
Wie liebevoll bist Du!

Nach Deinem Ratschluss wurde Jesus von Maria, einer jüdischen Frau,
in einer einfachen Familie Palästinas geboren.
Als junger Mann verkündete Er die Frohe Botschaft Deiner bedingungslosen Liebe zu allen Menschen.
Wie barmherzig bist Du!

Jesus nannte Dich »Abba-lieber Vater«. Er pries selig alle, die, wie Er, Dir vertrauen, ihren Sinn umkehren, auf Deine Gebote achten und Dich in jedem Nächsten und aller Kreatur erkennen, ehren und lieben.
Wie geheimnisvoll bist Du!

Jesus wies uns den Weg zu den Geringsten Seiner Schwestern und Brüder. Er brachte Heil durch Wort und Tat. Er befreite uns Menschen mit der Hingabe Seines Lebens zu einem erfüllten Dasein in Dir. Seither dürfen wir auf das Reich Deines Friedens hoffen.
Wie gütig bist Du!

Jesus lebt seit Seiner Auferstehung in der Einheit mit Dir.
Er ist uns in Wort und Sakrament in Seiner Gemeinde immer gegenwärtig.
Wie heilig bist Du!

Sende uns, Gott, Deinen Heiligen Geist, dass Er uns in Jesus, Deinem Christus,
den Weg des Glaubens, der Liebe und der Hoffnung führe durch die Zeit
hin zur ewigen Heimat in Dir. Amen.

HEINZ WAMBSGANSS, KARLSRUHE

Der Schlüssel meines Lebens

ich glaube an gott
ich glaube an mich
ich glaube
dass Gott und ich eins sind
weil gott in mir ist
und ich in ihm

ich glaube an diese welt
ich glaube an gottes schöpfung
ich glaube
dass ich bestand habe in ihr
weil er mich geschaffen hat
zu seinem bild

ich glaube an mein leben
ich glaube an meine aufgabe
ich glaube
dass ich die fülle des lebens erfahre
weil ich bestimmt bin zu erkennen
um an allem zu wachsen

ich glaube an die auferstehung
ich glaube an die ewigkeit
ich glaube
dass ich wiedergeboren werde
weil nichts von mir verloren geht
was göttlich ist

ich glaube an jesus
ich glaube an sein vermächtnis
ich glaube
dass ich bestimmt bin ihm zu folgen
weil mich sein leben sein tod
mit mir und allem versöhnen

ich glaube an die liebe
ich glaube an die kraft meines herzens
ich glaube
dass meine liebe der schlüssel ist
weil sie mich öffnet
für alles was ist

THILO GUNTER BECHSTEIN, ZIEGRA-KNOBELSDORF

Die Werte Gottes

Ich glaube an Gott, der die Welt durch die Evolution erschaffen hat und immer noch schafft.

Ich glaube, dass Gott alle atmenden und fühlenden Geschöpfe so liebt, wie Eltern ihre Kinder lieben.

Ich glaube, dass wir Menschen dazu berufen sind, diese bedingungslose Liebe Gottes zu seinen Geschöpfen selbst zu leben und weiterzugeben.

Ich glaube, dass wir vor Gott dafür verantwortlich sind, wie wir mit seinen Geschöpfen umgehen, mit jedem einzelnen Tier, mit jedem einzelnen Menschen. Wir sind dafür verantwortlich, dass es ihnen gut geht und wir dürfen keines seiner Geschöpfe ausbeuten oder missbrauchen.

Ich glaube, dass Jesus ein Mensch war, der eine besonders enge Beziehung zu Gott hatte und dass Gott in Jesu Leben und Sterben selbst gewirkt hat und uns dadurch seine Liebe gezeigt hat.

Jesus hat uns durch sein Leben die Werte vermittelt, die Gott selbst eigen sind und die auch unser Leben leiten sollen: Barmherzigkeit, Friedfertigkeit, Gewaltlosigkeit, Gerechtigkeit.

Ich glaube, dass der Heilige Geist immer noch wirksam ist in dieser Welt und dass er sie Schritt für Schritt verändert, innerhalb und außerhalb der Kirche, innerhalb und außerhalb der anderen Religionen.

Ich glaube, dass alle Menschen und Tiere eines Tages ein neues, wunderbares und erfülltes Leben bei Gott haben werden.

WALBURGA KÖHL, WELSCHBILLIG

Was unseren Horizont übersteigt

Ich glaube, dass Gott auf unaussprechliche Weise da ist.
Ich glaube, dass er mit seiner Kraft unser Dasein erfüllt.

Ich glaube, dass Jesus Christus diesem göttlichen Dasein
auf einzigartige Weise nahe gekommen ist.
Er hat uns Menschen gezeigt, was es heißt,
aus der Erfahrung dieser Nähe heraus zu leben.
Sein Leben war ein Leben für andere,
ein Leben, das Frieden, Freude und wahre Freiheit atmete.
Jesus berührte die Herzen der Menschen.
Denn er nahm sie ganz an –
mit ihren Schönheiten und mit ihren Abgründen.
Ich vertraue diesem Jesus von Nazareth, der für die Menschlichkeit
der Menschen eintrat und nicht davor zurückscheute,
für seine Überzeugung zu sterben.

Ich glaube, dass Jesus lebt und in Gott durch den Heiligen Geist gegenwärtig ist.
Der Heilige Geist, die Weisheit Gottes, kann von uns wahrgenommen werden.
In der Weisheit Gottes können wir spüren, was es heißt,
bereits hier und heute zu neuem Leben aufzuerstehen.
Denn das von Jesus verkündete Reich Gottes ist kein Reich,
das erst nach unserem Dasein anhebt; es ist vielmehr ein Reich,
in das wir heute schon Zugang finden können und das uns mit Kreativität,
Mut und Hingabebereitschaft erfüllen kann.

So schwach auch unsere Worte sind, mit denen wir es wagen,
über Gott zu sprechen, so sehr bedarf doch dieses Sprechen der Form.
Für diese »Sprache« bedarf es der Menschen und der Institutionen,
die sich für das Geheimnishafte der göttlichen Wirklichkeit engagieren.
Kein Mensch kann den Geist Gottes jedoch vollkommen erfassen.
So sind wir einer bleibenden Offenheit, einem stetigen Hören verpflichtet.

Ich glaube, dass Menschen, die von sich selbst loslassen und
sich für Gottes Wirklichkeit öffnen,
einen Beitrag leisten können

zu einem Leben in Frieden,
zu einer Freiheit, die jeder und jedem persönliche Entfaltungsräume gewährt,
und zu einer Ehrfurcht vor der Großartigkeit der Schöpfung.

Ich glaube daran, dass das Leben mit dem Tod nicht endet und
dass in dem Leben nach dem Tod den Menschen Gerechtigkeit widerfährt.
Das Wort »Ewigkeit« übersteigt unseren Horizont.
Doch genau dies glaube ich, dass es etwas gibt,
das dauerhaft unseren Horizont übersteigt und uns birgt,
auch wenn wir gestorben sind.

Jesus hat unablässig von Gottes Barmherzigkeit gesprochen.
»Gnade über Gnade« wird der Menschheitsfamilie - so glaube ich -
von Gott zuteil.

Amen

MICHAEL PINDL, LIMBACH

Urkraft und Urgemeinde

Ich glaube an Gott,
Mutter, Vater, Sophia,
Urkraft des Himmels und der Erde,
und an Jesus, den Menschensohn,
voll heiligem Geist,
von Maria geboren,
gelitten unter Pontius Pilatus,
gekreuzigt, gestorben und begraben,
auferweckt in die Gegenwart Gottes.
Ich glaube an den heiligen göttlichen Geist,
die christlichen Grundsätze der Urgemeinde
und an den Übergang in das ewige Leben –
in die Liebe Gottes.

MARIETTA HEYER, NÜRNBERG

Wenn wir Gott sagen

Wir sagen »Gott«
und meinen die Ursache der Welt, die Seele des Seins,
alles Sichtbaren und Unsichtbaren.
Wenn wir »Gott« sagen, sprechen wir auch
vom Universum mit seiner unvorstellbaren Größe und Unergründlichkeit,
vom Kreisen der Galaxien,
von gewaltigen Lichtenergien und starrer Kälte in äußerster Finsternis,
vom Wirken der geheimnisvollen Naturgesetze,
von den Elementen und ihren vielen erstaunlichen Verbindungen,
vom gewaltigen Feuer der Sonne und den Bahnen der Planeten.
Wir sagen »Gott« und sprechen damit
auch von unserem schönen blauen Stern –
von Wasser, Schnee und Wüste
in ihrer unfassbaren Schönheit –
vom vielfältigen Leben, zu dem wir gehören.
Wenn wir »Gott« sagen, meinen wir das alles mit, weil wir mit diesem
Wort den Schöpfer bezeichnen.

Wir sagen »Gott«
und sprechen damit auch von der Zwiespältigkeit der Welt.
In Gott ist Licht
und tiefe Dunkelheit,
Leben und Tod, Freude und Leid.
Seit Milliarden von Jahren vollzieht sich Leben auf diese Weise.
Wir sagen »Gott« und meinen damit
nicht nur Leben und Gedeihen,
sondern auch Misslingen und Untergang – und den Zwiespalt in uns selbst,
unsere Möglichkeit, zu Freundschaft und Liebe
sowie zu Kälte und Hass.
Wenn wir »Gott« sagen, geht es also auch
um den Zwiespalt in der Schöpfung, den wir oft kaum aushalten können,
vor dem wir zurückschaudern.
Es geht um Gottes Heiligkeit,
die uns nicht nur anzieht, sondern auch erschrecken lässt.

Wir sagen »Gott«
und sprechen damit von unserem Vertrauen
gegenüber der geheimnisvollen, rätselhaften Schöpfungskraft –
und von den guten Erfahrungen unseres Lebens.
Wir wissen, dass jeder von uns einmalig ist
und dass Gott zu jedem von uns »ja« sagt.
Wir glauben, dass die Dunkelheit für das Licht da ist,
der Misserfolg für das Gelingen,
der Tod für das Leben.
Wir glauben, dass Gottes »Ja«
den Vorrang hat gegenüber dem »Nein«,
denn wir glauben, dass Gottes Liebe zum Leben
und zu jedem von uns
sein eigentlicher Wille ist.

Und so wenden wir uns vertrauensvoll an dich, Gott,
sprechen zu dir wie zu einer Mutter und einem Vater und bitten dich:
Begleite uns mit deiner Liebe.
Dir sei Ehre heute und allezeit. Amen.

CHRISTOPH VON LOWTZOW, QUICKBORN

Freude ohne Ende

Ich glaube an das Gute im Menschen in allen Menschen,
besonders in Zeiten der Not.

Ich glaube, dass es Menschen möglich ist,
Frieden untereinander zu halten
und Versöhnung zu leben, wenn sie nur wirklich wollen.

Ich glaube, dass es die Aufgabe aller Menschen ist,
Mit-Schöpfer zu sein - oder zu werden;
Mit-Schöpfer an der gewaltigen, sich immer noch
ausbreitenden Schöpfung Gottes.

Ich glaube, dass Menschen niemals aufhören dürfen,
für den Frieden in der Welt zu beten.
Wer betet, verbindet Himmel und Erde,
Zeit und Ewigkeit.
Er über-brückt Gräben und Abgründe;
er ver-bindet Gott und Mensch
und knüpft die Zeit seines Daseins
an die Unendlichkeit des Schöpfergottes.

Ich glaube, dass es die Pflicht jedes Menschen ist,
mitzuhelfen, um anderen die Angst zu lindern
und sie in ihrer Hoffnung zu stärken.
Wer glaubt und liebt,
vertreibt die bösen Geister der Ängste.

Ich glaube an ein Leben nach dem Tod.
Wie anders könnten wir Menschen
der Zukunft entgegensehen,
wenn nicht im »Wissen« um das Dasein danach?
Wie anders könnten wir Schmerzen ertragen
und Mühsale auf uns nehmen,
wenn nicht im Glauben an Heilung und Erlösung?

Ich glaube, dass wir Menschen den Auftrag haben,
uns selber, aber auch die Tiere und Pflanzen zu schützen.
Nur wenn wir die Schöpfung als Ganze bewahren helfen,
dürfen wir uns Kinder Gottes nennen.
Nur wenn wir auf das Seufzen der Kreatur,
das Wimmern der Tiere und Stöhnen der Pflanzen hören,
werden wir auch die Stimme hören,
die uns echten Frieden verheißt –
und Liebe ohne Ende.

Ich glaube an die Macht der Liebe,
und an die Zärtlichkeit Gottes.
Ich glaube an seine Barmherzigkeit
und an seine Langmut.

Ich glaube an das Gute
in allen Menschen
und an den Sinn der Schöpfung.
Sie ist Abbild des Ewig-Guten
und von Ewigkeit her Allweisen.
Ich glaube, dass Gott mit mir etwas im Sinn hat.
Das gibt mir Kraft und Hoffnung –
und Freude über alle Maßen.
Ich glaube an die Freude;
denn Gott ist Freude –
Freude ohne Ende.

ADALBERT LUDWIG BALLING, KÖLN

In tiefem Vertrauen

Gott ist der Schöpfer aller Welten. Er ließ Evolution zu nach Naturgesetzen, die Ausdruck sind seiner unendlichen Weisheit und Güte.
Schöpfung ist ein kostbares Geschenk, das wir, die Menschen, zu erhalten verpflichtet sind.
Ich glaube Jesus, dem Heiland. Er wollte, dass Menschen glücklich sind, und befreite sie von unerträglichen Leiden und von Angst. Jesus lehrte sie Gottes unwandelbare Liebe und er lehrte sie das rechte Beten: darauf hören, was der ewige Gott uns sagen will – durch unser sensibles Gewissen –, und zu ihm sprechen als zu Vater und Mutter. Beten tröstet, es schenkt Gelassenheit, und es macht Mut. Der liebende Gott befähigt uns zu Gerechtigkeit und Freiheit, wenn wir es wollen.
Über den Tod und ein mögliches Danach kann ich nichts aussagen. Das lege ich in tiefem Vertrauen in Gottes Hände.
Ich glaube an Gott.

HILDE BEYER, BRETNIG-HAUSWALDE

Die verratene Revolution

Ich glaube an Gott,
der die Welt nicht fertig geschaffen hat
wie ein Ding, das immer so bleiben muss,
der nicht nach ewigen Gesetzen regiert,
die unabänderlich gelten,
nicht nach natürlichen Ordnungen
von Armen und Reichen,
Sachverständigen und Uniformierten,
Herrschenden und Ausgelieferten.
Ich glaube an Gott,
der den Widerspruch des Lebendigen will
und die Veränderung aller Zustände
durch unsere Arbeit, durch unsere Politik.

Ich glaube an Jesus Christus,
der Recht hatte, als er,
»ein einzelner, der nichts machen kann«
genau wie wir,
an der Veränderung aller Zustände arbeitete
und darüber zu Grunde ging.
An ihm messend erkenne ich,
wie unsere Intelligenz verkrüppelt,
unsere Phantasie erstickt,
unsere Anstrengung vertan ist,
weil wir nicht leben, wie er lebte.
Jeden Tag habe ich Angst,
dass er umsonst gestorben ist,
weil er in unseren Kirchen verscharrt ist,
weil wir seine Revolution verraten haben
in Gehorsam und Angst vor den Behörden.
Ich glaube an Jesus Christus,
der aufersteht in unser Leben,
dass wir frei werden von Vorurteilen
und Anmaßung, von Angst und Hass

und seine Revolution weitertreiben
auf sein Reich hin.

Ich glaube an den Geist,
der mit Jesus in die Welt gekommen ist,
an die Gemeinschaft aller Völker
und unsere Verantwortung für das,
was aus unserer Erde wird:
ein Tal voll Jammer, Hunger und Gewalt
oder die Stadt Gottes.
Ich glaube an den gerechten Frieden,
der herstellbar ist, an die Möglichkeit
eines sinnvollen Lebens für alle Menschen,
an die Zukunft dieser Welt Gottes. Amen.

DOROTHEE SÖLLE

Das Credo von Seoul

Wir glauben an Gott, der die Liebe ist,
und der die Erde allen Menschen geschenkt hat.
Wir glauben nicht an das Recht des Stärkeren,
an die Stärke der Waffen,
an die Macht der Unterdrückung.
Wir glauben an Jesus Christus,
der gekommen ist, uns zu heilen,
und der uns aus allen tödlichen Abhängigkeiten befreit.
Wir glauben nicht, dass Kriege unvermeidbar sind,
dass Friede unerreichbar ist.
Wir glauben an die Gemeinschaft der Heiligen,
die berufen ist, im Dienst aller Menschen zu stehen.
Wir glauben nicht, dass Leiden umsonst sein muss,
dass der Tod das Ende ist,

dass Gott die Zerstörung der Erde gewollt hat.
Wir glauben, dass Gott für die Welt eine Ordnung will,
die auf Gerechtigkeit und Liebe gründet,
und dass alle Männer und Frauen gleichberechtigte Menschen sind.
Wir glauben an Gottes Verheißung,
Gerechtigkeit und Frieden für die ganze Menschheit zu errichten.
Wir glauben an Gottes Verheißung eines neuen Himmels
und einer neuen Erde,
wo Gerechtigkeit und Frieden sich küssen.
Wir glauben an die Schönheit des Einfachen,
an die Liebe mit offenen Händen,
an den Frieden auf Erden.
Amen

NACH DER WELTVERSAMMLUNG DER CHRISTEN SEOUL 1990, BEKENNTNIS ZU FRIEDEN UND GERECHTIGKEIT. EINGESANDT VON GERTRUD BREUER, BUXTEHUDE

Gott glaubt an mich

Gott glaubt an mich
wie ein Vater an sein Kind,
bei ihm bin ich geborgen,
denn auch Erde und Himmel lieben ihn.

Jesus Christus glaubt an mich.
Durch ihn bin ich mit Gott verbunden,
und mein Herz ist von ihm erfüllt.
Jesus
ist von Gott aus der Höhe
zu mir gekommen,
er ist mein Kind,
hat gelitten unter den Mächtigen,
die auch ich fürchte,
ist einen Tod gestorben,
bei dem mich Entsetzen packt,
ist an der Lieblosigkeit umgekommen.

Er ist so ohnmächtig geworden,
wie ich es bin
gegenüber Hass und Verschlossenheit,
und ist mir näher gekommen,
als ich mir selbst bin,
denn er hat sich in die Tiefe gewagt,
vor der mir in mir selbst graut.

Doch er hat mich gesprengt,
mein Gefängnis zerstört
und hat mich neu geschaffen
zu einer Tochter,
zu einem Sohn
Gottes.
In ihm bin nun auch ich
Teilhaber an Gottes Güte
für die Welt und alle Menschen,
der will,
dass die Schöpfung erlöst wird.

Der Heilige Geist glaubt an mich.
Er verbindet mich mit allen Menschen.
Das erfahre ich täglich durch die Liebe,
die ich von meinen Mitmenschen empfange.
Sie geben mich nicht auf,
auch wenn ich mich aufgebe,
sie haben Geduld mit mir,
auch wenn ich schwach bin.
So werde ich immer wieder gewandelt
und neu geboren –
jetzt und auch durch den Tod hindurch.

HILDEGUNDE WÖLLER

Einladung, nicht Abschreckung

Ich glaube, dass

Gott Ursprung und Gestalter jeglichen Seins ist.

Er dem Menschen eine Sonderstellung gab mit dem Gewissen und ihn für die Mitgestaltung von Gegenwart und Zukunft mitverantwortlich macht.

Er in Jesus von Nazareth die wirksamste Botschaft für diese Aufgabe gab.

Gottesliebe und Mitmenschlichkeit durch seinen Willen eng miteinander verbunden sind und zum Frieden führen.

Er Gerechtigkeit, soziale Verantwortung und kritisches Hinterfragen für seine gesamte Schöpfung will.

Er kein menschliches Alleinvertretungsrecht, keinen Personenkult und auch keine Unfehlbarkeit will.

Glaubensaussagen und ihre Dogmatik zu Glauben und kirchlicher Gemeinschaft einladen und nicht abschrecken sollen.

Er jeglichen Untertanengeist ablehnt und verletzende Gewalt für Unrecht hält.

Er eine Vielfalt in der Natur wie im gesamten geistigen Bereich schützen will.

Er sein Angebot in Jesus durch seine Liebe und Fürsorge als frohe Botschaft aufrecht erhält.

ARNOLD HAUMANN, DORTMUND

Die neue Glaubenssprache und die alten Lehrsätze

Das Credo-Projekt von *Publik-Forum* eröffnete ein großes Glaubensgespräch, in dem ganz neu und intensiv über die traditionellen, aus der Antike stammenden Sätze des kirchlichen Glaubensbekenntnisses nachgedacht und versucht wird, die einzelnen christlichen Glaubenssätze in der Sprache von heute neu zu formulieren. Das war für viele ein sehr spannender Vorgang. Es wurde weitgehend akzeptiert, dass es notwendig sei, das Anliegen des Jesus von Nazaret in unsere Zeit hineinzuholen, was bedeutet, heute nicht mehr so zu sprechen und zu denken wie vor mehr als 1500 Jahren. Dieses Anliegen wurde – wie zu erwarten – nicht von jederfrau und jedermann akzeptiert.

So belehrte uns besorgt ein Krankenhauspfarrer, »dass es gewisse Dinge gibt, die stets gleich bleibend sind und nicht dem Wechsel der Zeit unterliegen«. Ein anderer Kritiker befürchtete, dass Formulierungen des Christenglaubens zu Gunsten des Zeitgeistes aufgegeben werden. Ein Obermedizinalrat teilte mit, dass für ihn weder das Apostolische Glaubensbekenntnis noch das Credo von Nicaea jemals zur Diskussion gestanden habe. Wer diese klaren Aussagen heute nicht mehr bekennen könne, dem fehle gewiss auch das Verständnis für die Heilige Schrift des Alten und Neuen Testaments. »Er sollte dann aufhören, darüber nachzudenken, ob und wie er sich noch zu Christus zu bekennen vermag.« Aus St. Augustin erreichte uns eine Kurzmitteilung: »Ich glaube an die *eine heilige*, katholische und apostolische Kirche und nicht an Ihre zusammengeschusterte universale Weltideologie.«

Viele Kritiker des Credo-Projektes gehen fälschlich davon aus, dass die verschiedenen persönlichen Interpretationen des Credos, die *Publik-Forum* erreichten und die veröffentlicht wurden, alleine dazu dienen sollen, das alte Glaubensbekenntnis abzuschaffen und durch ein vielstimmiges Orchester persönlicher Credos zu ersetzen. Dagegen steht jedoch die Absicht, den Kerninhalt der Glaubenssätze in einer Weise zu interpretieren, dass das persönliche Glaubenszeugnis auch in einer Form geschehen kann, mit der Kirchen- und Glaubensfremde die christliche Botschaft verstehen können. Das offizielle Credo der Kirchen einfach der Vergessenheit zu überlassen, wäre – so gesehen – kontraproduktiv, weil es dann kaum noch möglich wäre, es zu interpretieren. Es stimmt, das offizielle Credo ist Bestandteil der Gottesdienste. Es wird allerdings in Gottesdiensten das kirchliche Glaubensbekenntnis nicht immer volltextlich gemeinsam gebetet. Stattdessen werden Glaubenslieder gesungen, die nicht alle Glaubenssätze berücksichtigen.

Das Verhältnis des offiziellen Glaubensbekenntnisses zu den persönlichen Credos könnte durch Begriffspaare – kirchenoffizielles *Credo* und persönliche *Confessio* oder einfacher durch *Text* und *Kontext* – erklärt werden. Der *Kontext* des Glaubensbekenntnisses wäre dann die jeweilige aktuelle personen- und situationsbezogene Interpretation des Credo-*Textes*.

Ist nicht jede persönliche Interpretation von den persönlichen Bedürfnissen und sich ändernden zeitlichen Umständen beeinflusst? – Das ist gewiss so. Aber gerade deshalb scheint jede individuelle christliche Interpretation den gesamtchristlichen Ausgangstext der offiziellen Credos zu benötigen. Bezweifelt wurde von einigen Bischöfen in ihren Schreiben an *Publik-Forum*, dass der »persönliche Charakter der Credos« eine allgemeine Beurteilung über typisches Glaubensempfinden nicht zulässt. Wird damit aber nicht übersehen, dass gerade dieser persönliche Charakter der Credos den allgemeinen Schluss zulässt, dass es heute kaum noch eine totale Identifikation der Christgläubigen mit den formulierten christlichen Glaubenssätzen gibt, geben kann? Dass also die »Teil-Identifikation« Wirklichkeit ist? Roger Schutz, der Prior der ökumenische Mönchsgemeinschaft von Taizé, sagte einst in aller Kürze: »Nimm aus dem Evangelium das, was du glauben kannst – und sei es noch so wenig –, aber lebe es!«

Für einen katholischen Pfarrer und einen Pfarrgemeinderat ist die Antwort auf die Frage, weshalb heute Menschen nicht wie Generationen vor ihnen glauben können, sehr einfach: »Nämlich weil Gruppierungen und namhafte Theologen innerhalb unserer katholischen Kirche den angestammten Glauben verwässern, verfälschen und mit Füßen treten.« Ein Professor gibt besorgt zu bedenken, er habe es sich noch vor sechs Jahren nicht träumen lassen, dass jetzt poetische und pseudo-poetische Fassungen des kirchlichen Credos die wissenschaftliche Auseinandersetzung ersetzen. Alles werde durch die subjektiven Credos ganz oder teilweise in Frage gestellt oder nicht berücksichtigt: So die Lehre von der Dreieinigkeit, es fehlten sämtliche Mariendogmen, die Unfehlbarkeit des Papstes, aber auch die Unfehlbarkeit der alten Konzilien, die von den Orthodoxen und Protestanten noch hochgehalten werden. Es falle die Lehre von der Kirche, da Jesus nie eine Kirche gegründet haben solle. Sämtliche kirchlichen Ämter verschwänden, samt der Lehre von dem Erlösungstod und der Rechtfertigung. Jesus ein Reformator des Judentums, nicht mehr und nicht weniger? Breche nicht das gesamte kirchliche Lehrgebäude wie ein Kartenhaus zusammen?

Bedauert wird, dass viele der persönlichen Credos sich lediglich auf den eigenen individuellen Glauben beziehen, aber kaum im Sinn haben, so zu formulieren, dass der jeweilige neue Text den Glauben auch für Nichtgläubige und fern Stehende verständlich macht. Setzt dies aber nicht voraus, dass man beispielsweise »den Himmel« – als ein Wort aus der religiösen Welt von gestern – heute als eine Dimension der göttlichen Tiefenwirkung auch in unserer sichtbaren Welt auffasst? Viele junge Erwachsene glauben deshalb, was unter »Christologie von unten« oder auch als »Transzendenz in der Immanenz« verstanden werden kann. Sollte man nicht lieber von der »dreifaltigen Liebe Gottes« sprechen und davon, dass man bei dem Gottesbild nicht nur von dem einzigen Gott, sondern *auch* von *Gott als Gemeinschaft* sprechen sollte? Vergegenwärtigen sollte man sich, dass in den alten kirchlichen Credos das Leben und Wirken von Jesus geradezu unterbelichtet ist. – Jesu Leben war doch mehr als nur die Phase zwischen Geburt und Kreuzestod.

Ein neues gemeinsames Wir-Credo der Kirchen ist ein unerfüllbarer Traum. Wer soll und kann für die gesamte Christenheit entscheiden, wie ein einheitliches christliches Credo letztlich formuliert sein soll? Ein Resultat ist kaum vorstellbar. Demgegenüber: Ist nicht jedes Credo, sei es ein Wir-Credo von großen oder kleineren Gemeinschaften, sei es speziell von einzelnen Personen, deren Texte sich sogar von Tag zu Tag, von Situation zu Situation ändern können, geradezu lebenswichtig? So etwas wie ein Brot des Lebens? Theologie und Theo-Poesie suchen das unbegreifliche und letztlich unerkennbare Göttliche begreiflich und erkennbar zu machen. Was wissen wir Verlässliches über Gott? Bleibt uns nicht letztlich nur Jesus, der Christus, der uns durch sein Menschsein vorgelebt hat, was Gott von uns erwartet?

Jenseits und Diesseits, Himmel und Erde, das Göttliche und Menschliche, sind nicht mehr getrennt, sondern miteinander verwoben. Im Grunde sind alle Christen samt ihrer Kirchen gegenwärtig einer großen entwicklungsbedingten Provokation ausgesetzt, die einen Übergang zu neuen theologischen Erklärungsmustern erforderlich macht.

Aber muss »die Kirche« heute dem Kirchenvolk nicht wenigstens sagen, dass es auch andere Auslegungen der alten Texte gibt, dass deren Sinn also nicht so eindeutig ist, wie man bisher angenommen hat?

Es ist die Frage gestellt, ob man nur dann ein Christ sein kann, wenn das übliche, antike Erklärungsmodell, wie es in dem Alten und Neuen Testament enthalten ist – mit seiner Symbol- und Bildersprache veranschaulicht –, geglaubt wird? Eine Theologie und ein Glaube, der die biblischen Sprachbilder, nicht aber das, was die Bilder *inhaltlich* aussagen, mit dem christlichen Glauben unterschiedslos in eins setzt, wird auf Dauer dem globalen Aufklärungsprozess nicht standhalten können. Es zeigt sich schon jetzt, dass sich dann die religiösen Bedürfnisse zu andersartigen theologischen Denkmustern bewegen. Der Glaube an Gott wird durch Ahnungen ersetzt, Ahnungen über eine allumfassende, innere kosmische Kraft, die alles durchdringt: So etwas wie eine Sache, auf jeden Fall keine Person, aber wahrscheinlich weder dies noch das. Oder auch alles und mehr, nicht nur das Männliche, sondern auch das Weibliche – aber noch darüber hinaus das total Andere.

Vorbote dieser Entwicklung ist aber auch die wachsende Tendenz innerhalb der Kirchen zur Entkonfessionalisierung der Christenheit mit der damit verbundenen Bildung von ökumenischen »Quer-Konfessionen«, die alle Kirchen durchziehen: katholische Traditionalisten und evangelikale Protestanten einerseits, progressive Katholiken und ökumenische Reformationschristen andererseits. Die Letzteren weigern sich, zwischen den biblischen, theologischen Erklärungsmustern und den durch das Feuer der Aufklärung durchgegangenen theologischen Erklärungsmodellen einen unüberwindbaren Widerspruch zu sehen. Das evolutionäre Denken von Christen geht davon aus, dass Jesus Christus vom Ur-Anfang des göttlichen Schöpfungsprozesses an in dieser Evolution substanziell vorhanden war und sich historisch in der Geburt Jesu als »Gott in der Welt« äußerte. Jesus Christus als innergöttliche Substanz wirkt in diesem Erklärungsmuster vom Anfang des Kosmos bis zu seinem Ende.

Interessant für die Diskussion über das kirchliche Credo und die verschiedenen persönlichen Credos ist die Frage, ob mit diesem Denkansatz das Feld der Christenheit verlassen wird oder nicht. Ich persönlich meine, dass es im Grunde keinen unüberbrückbaren Gegensatz zwischen dem uns überlieferten biblischen Glaubens- und Denkmodell mit diesem christlich verorteten evolutionären Denkmodell geben muss. Wer mit der Bibel im Kopf und im Herzen bereit ist, durch das Feuer der Aufklärung zu gehen und dabei gelernt hat, sowohl die Symbolsprache als auch die Begriffssprache zu verstehen, braucht keine Hemmungen zu haben, sich als Christ zu verstehen.

HARALD PAWLOWSKI, FRANKFURT A. M.

Buchhinweise:

Norbert Scholl: Das Glaubensbekenntnis. Satz für Satz erklärt (Kösel Verlag)
Jörg Zink: Das christliche Bekenntnis. Ein Vorschlag (Kreuz Verlag)
Klaus Vellguth (Hg.): Wir glauben und vertrauen. Glaubensbekenntnisse aus aller Welt (Butzon & Becker)
Klaus Vettguth: www.gott.com. daran glaub ich (Butzon & Becker)

Brennend wie Feuer

Als Gott den Mann schuf, übte sie nur.
Als Gott die Frau aus der Rippe des Mannes machte, war die Welt noch in Ordnung.
Im Zeitpunkt des Big Bang, falls er sich ereignet hat, ging alles los. Seither stirbt das All den Kältetod, wenn die physikalischen Gesetze stimmen.
Was uns umgibt, ist nicht Natur, sondern Schöpfung unter, hinter und neben der Zivilisation, die weitgehend unzivilisiert verlaufen ist.
Aber der Glanz des Anfangs blitzt immer wieder auf;
es liegt an unserem Blick, was wir in und hinter den Dingen sehen:
die bezaubernde Struktur eines vom Morgentau benetzten Spinnennetzes, den Asphalt durchbrechende Grasbüschel, die gleißende Korona bei einer Sonnenfinsternis ...

Ein Mann trat auf. Sein Name war nicht »Brian«. Viel ist über ihn gesagt und geschrieben worden.
Er selbst hinterließ nichts Schriftliches – wie Sokrates; nur einmal, heißt es, schrieb er auf die Erde, um sogleich loszulegen und selbst ernannte Ordnungshüter und Moralapostel mit einem einprägsamen rhetorischen Kunstgriff dazu zu bringen, die Steine, mit denen sie auf eine Frau losgehen wollten, fallen zu lassen.
»Seid klug wie die Schlangen und arglos wie die Tauben«, soll er auch einmal gesagt haben. Die Spielregeln von Macht und Ohnmacht, Gerechtigkeit und Ausbeutung waren ihm bewusst; er aber hielt sich nicht daran. Schlimmer noch: Er versuchte sie aufzubrechen. Noch schlimmer: Das wirkte ansteckend.
Nach Sklavenart hingerichtet nach einem undurchsichtigen Prozess (amnesty international kam über 1900 Jahre zu spät!), wurde ihm – ironisch genug – vom Statthalter S.P.Q.R. quasi der Königstitel h. c. verliehen. Es dürfte am 7. April 30 unserer Zeitrechnung gewesen sein, wobei diese Zeitrechnung erst Jahrhunderte später auf seinen (fehlerhaft) errechneten Geburtstermin hingetrimmt wurde.
Seither ist die teils organisierte, teils versprengte Menschenmenge jener, die glauben, er ist am dritten Tag auferstanden, auf Milliardengröße angewach-

sen, nur die Lebenden gezählt. Ob man/frau ihn, Jesus aus Nazaret bzw. Betlehem, »Herr« nennen soll, ist Gegenstand heftiger Debatte; die Zuschreibung »Sohn Gottes« bleibt unklar, nachdem auch die Gefolgsleute Kinder Gottes genannt werden.
»Heiland« klingt wie ein Kitsch-Wort aus der Goethezeit ... Kurzum: Er bleibt, der er ist und war und sein wird. Schließlich sind auch Begriffe wie »Guru« und »Superstar« schnell verstaubt und abgeschmackt.
Noch etwas: Er soll von einer Jungfrau geboren worden sein, Wunder, Heilungen und Totenerweckungen vollbracht haben und 40 Tage nach seiner Auferstehung endgültig in den Himmel aufgefahren sein. Seither ist er nicht mehr öffentlich erschienen. Privatoffenbarungen (welch kurioses Wort!) bleiben umstritten.
Wir können nur ahnen, ob er heute die nachhaltigen Ergebnisse seiner Mission als Erfolg oder Misserfolg werten würde. Oder vielleicht gar nicht werten würde? Jedenfalls wird seine angekündigte und ultimative Wiederkehr mit stetig nachlassender Inbrunst erwartet (oder auch nicht).

Von Anfang an Geist, Gottes Geist. Raum und Zeit durchwirkend. Geist Gottes in den Herzen der Menschen, brennend wie Feuer, so dass sie gar nicht anders können als mit Leidenschaft den guten Kampf zu kämpfen oder die Spirale der Gewalt zu durchbrechen. Geist in Worten und Taten von Prophetinnen und Propheten – vor und nach der »Achsenzeit«. Und dann zu wenig Geist, wenn Lehren erstarren, im Namen des Kreuzes oder anderer Symbole oder Ideologien Völker ausgerottet und Menschen versklavt werden. Geist Jesu heute bei seinen Jüngerinnen und Jüngern, deren Altersdurchschnitt hier zu Lande ständig steigt.
Geist Gottes: hier und jetzt, in dir und mir, jede Sekunde, jeden Augenschlag, in jedem Bit und Pixel ...

PAUL JOSEF ARZT, A-BÜRMOOS

Verzeichnis der Autoren und Einsender der Glaubensbekenntnisse